KB217141

노동하는 그리스도인

예장갈

이 책은 2013년 평화누리와 기독연구원 느헤미야가 함께 주최하고 진행했던
"노동하는 그리스도인" 연속 세미나의 글을 정리한 것입니다.

08 노동하는 그리스도인

지은이   김근주 전성민 조석민 권연경
              박영호 배덕만 김동춘
초판발행   2018년 7월 10일

펴낸이   배용하
책임편집   김근주
등록   제364-2008-000013호
펴낸곳   도서출판 대장간
              www.daejanggan.org
등록한곳   충남 논산시 매죽헌로1176번길 8-54
대표전화   전화 : 041-742-1424 전송 : 0303-0959-1424

분류   기독교 | 노동 | 사회
ISBN   978-89-7071-455-4 (03230)
CIP제어번호   CIP2018020637

가격   10,000원

머리글

　이 책의 제목과 대부분의 내용은 2013년 평화누리와 기독연구원 느헤미야가 함께 주최하고 진행했던 "노동하는 그리스도인" 연속 세미나에서 비롯되었다. '노동' 혹은 '노동자' 라는 표현을 꺼려하며 '근로' 혹은 '근로자' 라 부르던 당시의 일반적인 분위기는 교회에도 예외가 아니었다. 노동자라는 표현은 무엇인가 좀 더 '진보적' 이거나 나아가 '좌파' 적인 뉘앙스까지 내포되었던 시절이었다. 그래서 일상의 일과 직업 속에서 어떻게 살아갈 지에 대한 논의 역시 '일의 윤리' 혹은 '일터 신학' 같은 표현이 좀 더 교회 대중들에게 편안하게 쓰이곤 했다. 이러한 경향은 지금까지도 그리 많이 바뀌지는 않은 듯하다. 2013년에 진행한 세미나는 의도적으로 '노동' 이라는 말을 명확하게 내걸고 진행하였다.

　여기에 실린 글들은 노동하며 살아가는 삶의 다양한 측면을 기독교 신앙 안에서 어떻게 바라보고 이해할 수 있을지를 다루었다. 앞서 언급한 대로, 대부분의 글은 2013년 세미나에서 발표되었던 글을 조금 다듬고 손질한 것들이다. 기독연구원 느헤미야는 "이슈북"이라는 이름으로 우리 신앙과 삶의 여러 주제를 공동작업으로 다루어왔고, 그 일환으로 "노동하는 그리스도인" 세미나의 글을 출간한다. 이 세미나를 제안하고 함께 진행한 평화누리에 깊이 감사드린다. 이 책에 실린 글 가운데 전성민 교수님과 박영호 교수님의 글은 그 세미나와는 별개로, 일상생활사역연구소에서 발간하는 연구지 「Seize Life 일상생활연구」 15호 2017에 실렸던 것이다. 두 글을 이 책에 포함시킬 수 있도록 허락해주신 일상생활사역연구소에 깊이 감사드린다. 전체 원고를 세심하게 모두 읽고 교정하며 필요한 제안을 해준 장혜영 전도사님께 감사드린다.

　형태와 내용은 다르겠지만, 모든 사람은 노동하며 살아간다. 때로 그 노동은 피하고 싶고 하고 싶지 않은 고역이 되기도 하고, 때로는 우리의 존엄과 풍성한 삶을 만끽하게 하기도 한다. 원칙적으로 노동하는 그리스도인은 하나님의 형상이다. 때로 고통스럽기까지 한 이 땅에서의 노동이 그 본래적 가치와 지위를 회복하는 날이 모두에게 열리기를 갈망하며, 그러한 변화의 날을 함께 꿈꾸며 오늘도 노동하며 살아간다.

2018년 5월 노동절
기독연구원 느헤미야

차례

1장

일하시는 하나님, 일하는 사람: 구약으로 읽는 노동

김근주
기독연구원 느헤미야 전임교수

일하시는 하나님, 일하는 사람: 구약으로 읽는 노동

김근주

1980년대 중반 전국교직원노동조합이 처음 생겨났을 당시, 이들의 활동을 반대하고 비웃던 이들이 흔히 하던 말 중의 하나가 "교사가 어떻게 노동자냐?" 였다. 어떤 이들은 "당신들은 교사이면서 그렇게 노동자라고 불리고 싶소?" 냉소하며 묻기도 하였다. 그런데 목사가 노동자라고 하면 아마 더 크게 펄쩍 뛸 사람이 많을 것이다. 여기에는 목사들뿐 아니라, 그 목사가 사역하는 교회의 교인들도 마찬가지일 것 같다. 목사를 노동자라고 부르면 난리가 날 가능성이 크다는 현실은 몇 가지의 선입견과 편견에서 비롯된다.

여기에는 먼저 '노동자'라는 호칭과 '노동하는 사람'이라 불리는 것을 부정적으로 여기는 사회적 편견이 있다. 목사가 노동자라고 불리는 데에 대한 거부감의 또 다른 원인은 목사는 돈 때문에 하는 일이 아니라 사명 때문에 하는 일이라는 사고도 있을 것이다. 대체로 교역자들은 하나님께서 주시는 대로 받는 것이지, 사례를 더 받기를 주장할 수 없다고 생각한다. 비록 교회에서 사례를 받지만, 자신의 이 일은 하나님이 부르신 소명에 따른 것이지, 직업으로 선택한 것은 아니라고 생각하는 것이다. 목사라는 직업뿐 아니라, 그리스도인들이 선택하는 여러 직업에서도, 하나님께서 부르시고 보내셨음을 확신하며 그 일을 사명으로 강조하면 할수록, 노동자로 불리기를 피하거나 자신의 연봉이나 월급에 대해 표면적으로 다루기를 꺼리는 경향이 있다.

그러므로 그리스도인과 노동에 대해 생각할 때, 우리는 노동이 지니는 가치와 중요성, 의미에 대해 심사숙고할 필요가 있으며, 노동에 대해 주어지는 대가에 관해서도 깊이 생각해보아야 한다. 노동하는 그리스도인에 대한 숙고는 오늘 우리 교회를 좀먹고 파괴하며 수많은 종교의 하나로 전락시키고 있는 위선에 대한 폭로와 새로운 대안의 모색과 연결된다.

창조질서로서의 노동

노동하시는 하나님

우리말 "일"로 번역되곤 하는 히브리말 "믈라카"는 땅을 경작하는 것대상 27:26, 토기장이가 토기를 만드는 일렘 18:3, 배를 타고 행하는 일시 107:23, 바깥에서의 일과 집 안에서의 일잠 24:27, 그리고 레위인들의 재판하는 일대상 26:29과 같은 일상의 일들뿐 아니라, 성막과 성막에 필요한 여러 물품을 만드는 일출 36:2과 성전을 짓는 일왕상 5:30, 그리고 제사장들이 성전에서 수행하는 제사 관련 일대하 29:34도 포함한다. 여기에서 "일"로 표현되고 있는 여러 항목을 한자어로 표현하면 당연히 '노동勞動'이라고 할 수 있을 것이다.

구약 성경의 첫 문장은 하나님께서 천지를 창조하셨다는 선언이다. 흔히 하나님께서 말씀만으로 창조하셨다고 생각하지만, 하나님의 창조 사역의 마지막 결론에 해당하는 창세기 2:2는 하나님의 창조를 가리켜 두 번이나 "그가 하시던 일"로 표현하고 있다. 그러므로 성경에서 하나님은 처음부터 일하시는 하나님, 노동하시는 하나님이라고 말할 수 있다.

일하시는 하나님이라는 표현은 자연스러운 반면, 노동하시는 하나님이라는 표현은 다소 껄끄러움을 느끼게 된다. 하지만 본질에서 두 표현에는 아무런 차이가 없다. 하나님께서는 온 세상을 창조하셨고, 그 안에 있는 모든 피조물을 조성하셨다. 하나님께서 세상을 만들고 모든 여건을 조성하신 후, 그가 만드신 세상에 전혀 개입하지 않으신다는 이신론적 사고도 존재하지만, 신구약 성경은 창조하신 세상 가운데 여전히 일하시는 하나님을 확고하게 증언하고 있다. 욥기의 구절들은 피조 세계를 지탱하시고 행하시는 하나님의 일을 증언한다. 하나님을 향한 욥의 항변에 대해 엘리후와 하나님의 대답이 가지는 공통점은 한결같이 온 세상을 주관하며 지탱하시는 하나님, 즉 일하시는 하나님, 달리 말해 노동하시는 하나님이다.

"그대는 하나님께서 하신 일을 기억하고 높이라 잊지 말지니라 인생이 그의 일을 찬송하였느니라 그의 일을 모든 사람이 우러러보나니 먼 데서도 보느니라 … 그가 물방울을 가늘게 하시며 빗방울이 증발하여 안개가 되게 하시도다 그것이 구름에서 내려 많은 사람에게 쏟아지느니라 겹겹이 쌓인 구름과 그의 장막의 우렛소리를 누가 능히 깨달으랴 보라 그가 번갯불을 자기의 사면에 펼치시며 바다 밑까지 비치시고 이런 것들로 만민을 심판하시며 음식을 풍성하게 주시느니라 그가 번갯불을 손바닥 안에 넣으시고 그가 번갯불을 명령하사 과녁을 치시도다 그의 우레가 다가오는 풍우를 알려 주니 가축들도 그 다가옴을 아느니라"욥 36:24-33

"너는 대장부처럼 허리를 묶고 내가 네게 묻는 것을 대답할지니라 내가 땅의 기초를 놓을 때에 네가 어디 있었느냐 네가 깨달아 알았거든 말할지니라 누가 그것의 도량법을 정하였는지, 누가 그 줄을 그것의 위에 띄웠는지 네가 아느냐 그것의 주추는 무엇 위에 세웠으며 그 모퉁잇돌을 누가 놓았느냐"욥 38:3-6

온 세상을 지으시고 주관하시는 하나님의 노동이야말로 세상 가운데 살아가는 사람과 동물이 존재할 수 있는 근원이며, 욥과 같이 탄식하며 정의를 구하는 사람을 향한 하나님의 대답의 핵심이다.

창조주 하나님의 일하심이 고난받는 욥에 대한 대답이라는 점은 의미심장하다. 무엇인가 욥 개인의 잘못 때문에 이 모든 고난이 닥쳐온 것임을 줄기차게 말하는 세 친구의 말은 인과응보에 기반을 두어 모든 문제의 원인을 우리 내부에서 찾게 한다. 욥은 자신 내부의 구석구석을 들여다보며 어딘가 털어서 나올 먼지로 현재의 참상을 설명하기를 단호히 거부한다. 욥으로 하여금 잠잠히 하나님을 인정하게 한 것은 이제도 행하고 계시는 하나님의 창조행위, 달리 말해 하나님의 일하심이었다. 하나님의 대답은 욥의 문제 제기가 하나님의 공의에 대한 것이었음을 보여준다.

"너는 대장부처럼 허리를 묶고 내가 네게 묻겠으니 내게 대답할지니라 네가 내 공의 "미슈파트"를 부인하려느냐 네 의를 세우려고 나를 악하다 하겠느냐 네가 하나님처럼 능력이 있느냐 하나님처럼 천둥 소리를 내겠느냐"욥 40:7-9

기본적으로 '재판' 혹은 '판결'을 의미하는 "미슈파트"는 세상을 다스리시는 하나님의 통치를 가리킨다. 욥의 탄식은 하나님의 통치에 대한 문제 제기였고, 그에 대해 세 친구는 인과율과 인간 개인 내부 문제 탓으로 해결하려 하지만, 하나님은 창조행위로 답하신다. 그러므로 하나님의 창조하심은 온 세상을 주관하시고 운행하시며 다스리시는 것을 대변한다. 정의가 사라지고 부당한 고난이 가득한 현실에 대한 욥의 불평과 질문에 대한 하나님의 대답은 여전히 변함없는 하나님의 통치였다. 하나님께서 세상 가운데서 일하시매, 하나님의 "미슈파트"가 세워지고 하나님의 통치가 이루어진다.

이에서 보건대 하나님의 노동은 그 어떤 부정적인 이미지를 지니고 있지 않으며, 하나님의 일, 하나님의 노동하심은 창조와 구원, 회복, 그리고 그를 통해 이루어지는 하나님의 통치와 동의어라고 할 수 있다. 그렇기에 언제나 일하시는 하나님을 일러 예수께서도 "내 아버지께서 이제까지 일하시니 나도 일한다" 표현하기도 하셨다.요5:17 하나님께서 일하시니 그의 나라가 이루어져 간다.

하나님의 일하심과 하나님의 "미슈파트"가 결합하여 있는 또 다른 예는 이사야 5:1-7에서 볼 수 있다. 특히 이 본문에서 하나님은 포도원을 경작하는 농부로 비유되고 있다. 하나님께서 이스라엘 백성들을 존재하게 하시고 사랑과 자비로 돌보시고 인도하심이 이 비유에서는 농부가 포도원을 조성하고 포도나무를 심고 땅을 파고 돌을 골라내는 등의 농사일로 표현되고 있다. 농사일이라는 노동이 세상 가운데 이스라엘을 부르시고 인도하시는 하나님의 행하심을 나타내고 있다. 포도나무를 심은 농부가 기대하는 열매는 좋은 포도이며, 세상에 이스라엘을 존재하게 하시고 돌보신 하나님께서 이스라엘에 기대하는 열매는 공평"미슈파트"과 정의"쩨다카"이다. 하나님은 농부처럼 노동하시며, 하나님의 노동을 통해 이 땅에 공평과 정의의 열매를 맺고자 하신다.

농부로서 세상 가운데 일하시는 하나님의 모습은 이사야 28장에서도 볼 수 있다.

"파종하려고 가는 자가 어찌 쉬지 않고 갈기만 하겠느냐 자기 땅을 개간하며 고르게만 하겠느냐 지면을 이미 평평히 하였으면 소회향을 뿌리며 대회향을 뿌리며 소맥을 줄줄이 심으며 대맥을 정한 곳에 심으며 귀리를 그 가에 심지 아니하겠느냐 이는 그의 하나님이 그에게 적당한 방법을 보이사 가르치셨음이며 소회향은 도리깨로 떨지 아니하며 대회향에는 수레 바퀴를 굴리지 아니하고 소회향은 작대기로 떨고 대회향은 막대기로 떨며 곡식은 부수는가, 아니라 늘 떨기만 하지 아니하고 그것에 수레바퀴를 굴리고 그것을 말굽으로 밟게 할지라도 부수지는 아니하나니 이도 만군의 여호와께로부터 난 것이라 그의 경영은 기묘하며 지혜는 광대하니라"사 28:24-29

이 본문은 농부가 세밀하고 적절하게 농사짓는 과정을 들어 하나님께서 세상 가운데서 행하시는 것을 표현하고 있다. 하나님의 계획과 지혜의 기묘하고 광대하심에 대한 찬양은 농사짓는 농부의 지혜에 대한 관찰에서 비롯된다. 농사라는 가장 대표적인 육체노동의 모든 과정을 통해 이사야는 하나님의 기묘하고 광대하신 지혜를 찬양한다. 이러한 본문은 일상에서 이루어지는 노동의 영역이야말로 하나님의 광대하심이 드러나는 영역임을 확실하게 보여준다. 이사야 기자의 이러한 상상력이라면, 오늘날에는 공장에서 땀 흘리며 그에게 맡겨진 공정을 감당하는 노동자를 관찰하는 가운데 하나님의 행하심을 발견했을 것이다.

결론적으로, 하나님의 통치는 세상 가운데서 행하시는 하나님의 일하심, 하나님의 노동하심을 통해 이루어진다. 마치 농부가 때와 상황에 맞게 적절한 농사를 짓듯이, 하나님께서는 온 세상을 적절하게 경작하신다. 하나님께서 농부처럼 경작하시며 가꾼 세상을 통해, 하나님께서 찾으시는 의^{"미슈파트"}의 열매가 맺어지게 된다.

노동하는 사람

하나님께서 천지를 창조하실 때에, 하나님의 형상과 모양대로 지음 받은 사람을 에덴 동산에 두셨고, 그곳을 "경작하며 지키게" 하셨다.^{창 2:15} '경작' 이 농사같이 땅에 어떠한 노동력을 기울이는 것을 가리킨다면, '지키는 것' 은 그 땅을 보호하고 보존하는 것을 가리킨다고 할 수 있다. 그러므로 경작과 지킴, 즉 '개발과 보존' 은 하나님이 지으신 세상에 대한 사람의 책무라고 할 수 있을 것이며, 이것이 1장에서 제시된바, "땅을 정복하라"라는 명령의 내용이라고 할 수 있다. 타락 이전에는 에덴 동산을 경작하였고, 에덴 동산에서 쫓겨난 이후에도 그의 근원인 땅을 갈게 되었다는 점^{창 3:23}에서, 노동하는 인간은 인간 본연의 모습이라고 할수 있다.

처음부터 사람은 하나님이 만드신 세상을 경작하고 지키도록, 노동하도록 부름 받은 존재이다. 여기에서 일 자체가 하나님의 명령임을 알 수 있다. 노동은 그것이 가져오는 어떤 열매나 결과 때문이 아니라, 처음부터 하나님의 명령이었다는 점에서 특별하며 거룩하다. 사실 하나님께서 일하시며 세상과 사람을 지으셨고, 사람은 하나님의 형상과 모양대로 지음 받은 존재라는 점에서, 사람이 하나님처럼 그렇게 노동한다는 것은 논리적으로 지극히 당연하다. 이를 보면, 노동에 대한 부정적인 견해는 하나님의 형상대로 지음 받은 인간 존재를 부정하며, 하나님께서 조성하신 창조질서에 어긋나고, 사람에게 주신 명령을 거부하는 것이다.

특이하게도 창세기 1장과 2장에서 우리는 하나님께서 만드신 사람이 하나님께 예배하거나 경배하는 모습을 찾아볼 수 없다. 이를 생각하면, 사람은 예배하도록 지어진 것이 아니라, 일하도록 지어진 존재라고 말할 수 있다. 노동은 하나님의 형상대로 지음 받은 인간의 존재 근거이다. 사람에게 주신 사명은 제의적인 것이 아니라 일상의 일이었다. 그리고 아담은 경작하고 지켰다. 일상의 일이야말로 창조된 인간의 사명이다. 그리고 이 점은 하나님을 닮는 거룩에 대해 명령하고 있는 레위기 19장에서도 확인된다. 하나님을 닮아가는 거룩은 무엇으로 드러나는가? 레위기 19장에 따르면 농부에게 있어서 거룩은 수확할 때 자기 밭의 한 모퉁이를 가난한 이들을 위해 남겨 놓는 것으로 구현되고레19:9-10, 고용주에게 있어서 거룩은 그가 고용한 이들의 일당을 제시간에 정확하게 지급하는 것에서 드러난다.레19:13 재판관의 거룩은 외모를 보지 않고 정의롭게 내리는 판결로 구현되며레19:15, 장사하는 이들의 거룩은 공정한 저울과 추로 구현된다.레19:35-36 일상생활에서의 거룩은 기도나 말씀 읽기, 예배 같은 행위로 구현되는 것이 아니라, 그가 일상의 현장에서 행하는 노동을 통해 구현된다는 것을 알 수 있다. 누군가가 자신의 직업 현장에서 이익을 위해 다른 이를 속이지 않고, 힘 있는 자이건 힘없는 사람이건 공정하게 대하며 노동을 수행하고 가난한 이웃을 배려한다면, 그는 거룩하다. 정직한 노동은 거룩하다. 노동한다는 것은 하나님을 닮아감이다.

　엄밀히 말하면 노동이야말로 하나님을 예배하는 것이다. '경작하다'에 해당하는 히브리말 "아바드"는 '일하다'는 의미와 더불어, '하나님을 섬기다, 예배하다'의 의미도 지닌다.가령, 출3:12; 시22:30 사람의 제일가는 목적을 일러 하나님을 영화롭게 하고 그를 즐거워하는 것이라 고백하지만, 하나님을 영화롭게 하는 것이 에덴 동산의 사람에게는 그에게 맡겨진 에덴 동산을 경작하는 노동을 통해 드러난다고 할 수 있다. 노동과 예배는 분리되지 않으며, 사람의 노동은 그 자체로 그를 지으신 하나님을 예배하는 것이다.

하나님께서 에덴 동산을 조성하셨고, 사람으로 그 땅에서 노동하며 살게 하셨다는 점은 약속의 땅에서 이루어지는 이스라엘의 삶과도 대응된다. 약속의 땅에서 이스라엘은 하나님께로부터 땅을 기업으로 받고, 그들은 그 땅의 소유자가 아니라 경작하는 자로 살아간다. 아담이 하나님 주신 땅에서 경작하며 살았고, 이스라엘은 그들에게 주어진 기업을 경작하며 살아간다. 아담과 이스라엘의 이러한 존재 양식은 하나님께서 주신 땅과 다른 사람의 종이 아닌 자유인으로 노동하며 살아가는 사람을 근본 단위로 여기는 레위기의 희년법의 토대이다. 레25장

노동과 하나님의 영

노동의 특별함은 성막을 만든 브살렐과 여러 사람에 대한 출애굽기의 언급에서도 찾아볼 수 있다. 그에 따르면 하나님께서 브살렐에게 "하나님의 영"을 충만하게 하셨다. 출31:3 하나님의 영이 충만한 브살렐은 정교한 일을 연구하여 금과 은과 놋으로 만들고 보석을 깎아 물리고 여러 가지 기술로 나무를 새겨 만드는 일을 하였다. 출31:4-5 또한, 하나님께서는 지혜로운 마음을 브살렐과 오홀리압에게 충만하게 하셔서 그들로 "조각하는 일과 세공하는 일과 청색 자색 홍색 실과 가는 베 실로 수놓는 일과 짜는 일과 그 외에 여러 가지 일을 하게 하시고 정교한 일을 고안하게" 하셨다. 출35:34-35 요즘 식의 표현으로 하자면 브살렐과 오홀리압은 그야말로 제조업에 종사하는 노동자라고 할 수 있을 것이다. 그런데 이러한 일을 하기 위해 하나님께서는 그에게 하나님의 영을 충만하게 하셨다. 하나님의 영이 임한 이들이 행하는 일에는 만드는 일뿐 아니라 수를 놓고 천을 짜는 일도 포함된다. 흔히 여성들이 하는 일이라고 여겨지는 일들까지 이들

이 감당했다는 것이며, 이러한 일을 하는 데에 하나님의 영의 충만케 함을 경험한 것이다. 그러므로 하나님의 영은 여인들이 하는 가사 일에도, 물건을 만들고 가공하는 노동자들의 일에도 임한다.

오늘날에 누군가에게 하나님의 영이 임하면 십중팔구 신학교에 가서 교역자가 되겠지만, 출애굽기에 따르면 이들은 그들에게 주어진 설계대로 정교하게 물건을 만들고 천을 짜서 천막을 만드는 이가 되었다. 하나님의 영이 임하여 말씀을 선포하는 자가 된 것이 아니라, 물건을 만들고 깎고 손질하는 노동자가 된 것이다.

노동과 사적 소유

하나님께서 이스라엘에 주신 땅은 전부 하나님의 소유이되, 이스라엘은 그 땅의 경작권을 가진다. 이스라엘은 그들에게 주어진 땅을 경작하여 산물을 거두고, 저장할 수 있다. 그뿐 아니라, 그들은 소와 양과 염소, 비둘기 같은 가축들을 사육하기도 하였다. 부지런히 일하고 수고하여 노동할수록 그들이 지닌 재산이 늘어나게 되고 부유해질 것이다.

여기에서 노동으로 인한 사적 소유의 증대에 대해 생각해볼 점이 있다. 구약 성경은 사적 소유 혹은 사유재산제도를 지지한다고 흔히 주장된다. 하나님께서 이스라엘 각 지파에게 기업으로 땅을 배분하셨고, 이 지파의 기업은 다른 지파로 넘어갈 수 없다는 점에서, 지파에 주어진 기업의 권리가 보호되어야 한다는 점은 분명해 보인다. 그리고 십계명에서 "도둑질하지 말라"는 계명과 "네 이웃의 집을 탐내지 말지니라" 계명 역시, 다른 이의 소유에 손대어서는 안 된다는 점을 보여주고 있다. 사실 살인과 간음에 대한 금지 명령 역시 내 것이 아닌 것에 대한 금지 명령이라고 할 수 있기도 하다.

그러나 동시에 우리는 구약 성경이 끊임없이 개인의 사적 소유를 이렇게 저렇게 제한하고 있다는 점도 주목해야 한다. 이스라엘은 자신이 기업으로 받았고 자신의 수고와 땀으로 수확하였지만, 그 밭의 한 모퉁이는 반드시 수확하지 않은 채 남겨 두어야 했으며, 수확 중에 흘린 곡물은 다시 줍지 않아야 했다.레 19:9-10 내 것이고 나의 사유 재산이지만, 내 마음대로 하는 것이 아니라 마을에 함께 사는 땅 없는 가난한 자와 나그네를 위해 남겨 두어야 했다. 그들의 사적 소유권은 제한된다. 느헤미야 시대에 가난한 사람들이 땅도 몸뚱이도 저당 잡혀 버린 처지를 비관하며 크게 불평하며 원망하는 사건이 발생했다.느5:1-6 이를 알게 된 느헤미야는 즉각 저당 잡은 땅을 무조건 돌려주고 받았던 이자들도 돌려주라고 명령한다.느5:6-11 사람들의 자유로운 경제 거래와 합의 위에서 땅을 저당잡고 돈을 빌려주었는데, 느헤미야는 빌려 간 돈을 되돌려 받으라는 말 없이, 저당 잡았던 땅과 포도원을 무조건 돌려주라 한다는 점에서, 그는 자유로운 경제 주체들의 합의에 따른 거래조차도 인정하지 않는 것을 볼 수 있다. 이자를 받건, 땅을 저당잡건 경제 주체들이 사유 재산에 대해 정당한 절차를 거쳐 이루어진 일임에도, 느헤미야는 이를 하나님을 경외하지 않는 태도라는 신앙적인 이유로 금지하고 원상으로 회복시키고 있다. 느헤미야는 가난한 사람들의 생존권을 보호하기 위해, 사유재산권을 명백히 침해하고 있다.

　　이상의 예들이 다른 이의 재산을 내 것으로 여기라는 의미이지 않다. 그것은 도둑질이다. 핵심은, 내 것이라 하여 내 마음대로라고 생각할 수 없다는 데에 있다. 이스라엘에 있어서 사적 소유의 실질적인 의미는 무엇일까?

　　이스라엘이 하나님께 예물을 드릴 때 그들은 반드시 그들의 가축 가운데서 예물을 드려야 했다. 소, 양, 염소, 비둘기와 같은 가축만이 예물이 될 수 있다는 점은 아마도 자신의 사적 소유 가운데 예물 드려야 한다는 의미로 생각해 볼 수 있다. 예물로 드릴 가축을 끌고 와서 그 위에 손을 얹어 안수함을 통해 제물로 드려진 가축이 예배자를 대신하게 된다는 점에서도, 자신이 기르고 돌본 가축을 드리는 것이 중요함을 깨닫게 된다. 예물로 드릴 수 있는 것은 오직 나의 사적인 소유인 가축이다. 앞서 언급한 대로, 이스라엘은 남의 밭이 아니라, 자신의 밭 가운데 일부를 가난한 이들을 위해 수확하지 않고 남겨 두어야 한다. 즉 자신의 사적 소유야말로 남을 돕고 섬기는 데에 사용될 수 있다는 것이다. 이를 생각하면, 사적 소유는 하나님께 예배하는 것, 그리고 가난한 이웃을 돕는 것과 연관된다. 내 것으로 하나님께 예물 드리고, 내 것으로 가난한 이웃과 함께 나눈다. 이 점이야말로 바울이 도둑질에 대한 구약의 계명을 이해하는 방식일 것이다.

"도둑질하는 자는 다시 도둑질하지 말고 돌이켜 가난한 자에게 구제할 수 있도록 자기 손으로 수고하여 선한 일을 하라"엡4:28

바울에게 있어 열심히 부지런히 수고하여 소득을 모으는 까닭은 가난한 자에게 구제할 것이 있기 위함이다. 노동을 통해 축적된 사유 재산이야말로 하나님과 이웃을 향한 섬김과 나눔을 위한 토대가 된다.

노동과 삯

노동은 그에 합당한 보수를 받는다.

"곡식 떠는 소에게 망을 씌우지 말지니라"신25:4
참고: "성경에 일렀으되 곡식을 밟아 떠는 소의 입에 망을 씌우지 말라 하였고

또 일꾼이 그 삯을 받는 것은 마땅하다 하였느니라"딤전5:18

이 점은 성전에서 제사 관련 노동에 종사하는 제사장과 레위인에게도 마찬가지이다. 그들의 수고로 인해 그들에게 주어지는 보수가 있다.

"이러므로 너는 그들에게 이르라 너희가 그 중에서 아름다운 것을 가져다가 드리고 남은 것은 너희 레위인에게는 타작 마당의 소출과 포도즙 틀의 소출 같이 되리니 너희와 너희 권속이 어디서든지 이것을 먹을 수 있음은 이는 회막에서 일한 너희의 보수임이니라"민18:30-31

제사장과 레위인의 성전 봉사도 노동이다. 이와 연관해 예수께서는 복음 전도자 역시 "일꾼헬, '에르가테스'" 즉, '노동자'라고 표현하시며 그에 대한 보수를 받는 것이 마땅하다고 말씀하신다.

"너희 전대에 금이나 은이나 동을 가지지 말고 여행을 위하여 배낭이나 두 벌 옷이나 신이나 지팡이를 가지지 말라 이는 일꾼이 자기의 먹을 것 받는 것이 마땅함이라"마10:9-10

제사장과 레위인, 복음 전도자 같은 노동자들의 노동에 대해, 보수가 아닌 어떤 하늘의 상급이 주어지는 것이 아니라, 그들이 수고하여 일한 것에 대해 대가가 주어진다. 사실 이렇게 노동에 대해 주어지는 대가를 하나님께서 정하셨다는 점에서, 하늘로부터 주시는 보수라고 말할 수 있다. 노동에 대한 보수는 하나님께서 정하신 것이라는 점에서 거룩하고 소중하며 귀하다. 그가 제사 관련 일을 했건, 들판에서 가축을 치는 일을 했건, 아니면 논밭에서 농사를 지었건, 노동에 대한 대가는 거룩하다. 노동에 대한 합당한 대가를 받을 때 그 노동을 지속할 수 있다. 수고한 자가 그 노동에 따라 결실을 얻게 된다. 그리고 노동과 그로 인해 주어지는 대가야말로 우리가 행한 선한 일에 대해 하나님께서 상급을 주신다는 약속을 가시적으로 경험하게 하는 현실이다. 열심히 일하고 보수를 받은 이들은 하나님을 경외하며 살아가는 이들에게 주어지는 하나님의 상급을 믿게 된다. 대하 15:7: 이 구절에 언급된 "상급"은 민 18:31에서 언급된 레위인의 봉사에 대해 주어지는 "보수"와 같은 단어로, '품삯', '일의 대가'를 의미한다

그렇기에 열심히 수고한 노동자에게 정당한 보수를 지급하지 않는 것은 사회적인 윤리 의식의 결여를 넘어 하나님의 진노를 사는 불의한 행동이다.

"불의로 그 집을 세우며 부정하게 그 다락방을 지으며 자기의 이웃을 고용하고 그의 품삯을 주지 아니하는 자에게 화 있을진저"렘22:13
"너는 네 이웃을 억압하지 말며 착취하지 말며 품꾼의 삯을 아침까지 밤새도록 네게 두지 말며"레19:13

그가 고용한 노동자에게 그 삯을 제때 지급하지 않는 것을 일러 레위기는 "억압"과 "착취"라고 규정한다. 어느새인가 우리 교회는 이러한 단어를 교회에서 사용하기에 부적절하다고 여기게 되었다. 대신 부드럽고 온화하고 온건한 용어들이 교회에서 사용되는 표현 대부분을 차지하고 있다. 이러한 현상을 다 나쁘다고 할 수는 없겠지만, 적어도 레위기가 사용하고 있는 단어를 교회에서 쓰지 않게 된 것은 유감스러운 현실이다. 어떤 현실을 규정할 때 그에 가장 걸맞은 말로 표현할 때, 우리는 그 현실에 대한 올바른 대응을 모색할 수 있다. 그런

데 표현이 너무 과하다 하여 현실을 온건하고 부드러운 말로 표현하게 되면, 이를 타개할 해결책 역시 제대로 파악할 수 없게 될 것이다. 그 점에서 품삯을 제때에 주지 않은 경우를 일러 억압과 착취라고 규정하는 레위기의 진술은 우리 교회가 표면적인 온유와 품위 속에 실제 현실을 직면하기를 회피하거나 호도해왔음을 깨닫게 한다.

하루 일당을 제때 주는 것을 일러 거룩이라고 레위기가 규정하고 있다는 점은 노동에 대한 보수를 받는 것이 전혀 천하거나 부끄러운 어떤 것이 아니라 거룩한 삶의 한 부분임을 확실히 보여준다. 그러므로 노동의 보수에 대한 논의를 회피하거나 모른 체하지 말아야 한다. 그러한 회피는 위선과 외식의 단적인 예일 뿐이다. 삶에 대한 논의가 거룩 본문에 있다는 점이야말로 구약 신앙의 근본적이고 급진적인 성격을 여실히 보여준다.

그러므로 일한 것에 대해 정당한 대가를 말하는 것은 부끄러운 것이지 않다. 그런데 이를 부끄러운 것으로 여겨 우리 교회 내에서는 이에 대해 공개적이고 투명하게 언급하지 않는 경우들이 많다. 그리고 대부분 그런 경우, 교회 내에 담임 목사의 사례비가 이 항목 저 항목으로 분산되어 사회적 평균 임금보다 턱없이 과도하게 지급되는 경우가 허다하다. 놀랍게도 그러한 교회마다 부교역자들에게 지급되는 보수는 담임 교역자의 절반이 되지 않기도 한다. 교역자로서 노동한 것에 대해 정당한 보수가 지급되는 것은 지극히 성경적인 원리이다. 따라서 교회 내에서 이에 대해 공개적으로 취급하고 담임 교역자와 부교역자의 노동에 대해 정당하고 합리적으로 평가하는 일이 시급하게 요구된다. 보수에 대한 문제를 부끄럽게 여기면 갈수록 이 부분은 어둠 가운데 음침하게 가라앉아 주의 몸 된 교회 전체를 부패하게 할 것이기 때문이다. 나아가 포도원에 고용된 이들에게 지급된 한 데나리온의 품삯에 대한 신약의 언급[마 20:1-16]은 각자의 재능 차이가 그들이 받게 되는 보수의 차이일 수는 없음을 확실히 보여준다는 점도 주목해야 할 것이다.

노동의 대가를 말할 때, 우리는 일확천금이 성서적인 원칙이지 않음을 짚어두어야 한다. 성서의 원칙은 뿌린 대로 거두는 것이다. 포도를 심은 포도원에서는 포도가 맺히게 될 것이며사5:1-7, 울며 씨를 뿌린 이는 기쁨으로 수확을 거두게 될 것이니시126:5-6, 무엇을 심든지 심은 대로 거둘 것이다.갈6:7

삼십 배, 육십 배, 백 배의 결실을 거두게 되는 것에 관한 본문을 종종 뿌린 것보다 훨씬 더 많은 수확을 거둔 경우로 설명하지만, 이는 그리 타당한 해석은 아니다. 좋은 땅에 심겨진 씨앗이라면 그러한 결과를 가져오게 된다. 말씀이 좋은 마음 밭에 뿌려지게 되면, 그 말씀이 그 사람의 삶에 풍성한 열매로 결실하게 된다는 것이 이 비유의 의미라는 점에서도, 여기에서 삼십 배나 백 배의 표현은 일확천금과는 아무런 상관이 없는 표현이라고 할 수 있다. 좋은 땅에 심겨지면 일정한 노동과 함께 그렇게 풍성한 결실을 거두게 될 것이다.

하나님의 풍성한 은혜를 경험한 이들은 늘 자신들이 받은 것이 자신들 수고의 결과보다는 훨씬 큰 것임을 고백함이 마땅하다. 그러나 일확천금과 불로소득은 하나님께서 믿는 이에게 주시는 축복이지 않다. 죄 많은 인생을 정의롭다 여기시는 하나님의 전적인 은혜를 경험한 그리스도인들은 뿌린 대로 거두게 하시는 하나님을 신뢰하며 이 땅에서 맡기신 노동을 부지런히 감당해야 할 것이다.

노동에 대한 부정적 견해 - 고역이 된 노동

노동은 타락의 산물인가?

일하시는 하나님을 본받는 거룩한 노동이 부정적으로 여겨지게 된 데에는 사람의 범죄와 그로 인한 하나님의 책망 본문이 차지하는 역할이 크다.

> "아담에게 이르시되 네가 네 아내의 말을 듣고 내가 네게 먹지 말라 한 나무의 열매를 먹었은즉 땅은 너로 말미암아 저주를 받고 너는 네 평생에 수고하여야 그 소산을 먹으리라 땅이 네게 가시덤불과 엉겅퀴를 낼 것이라 네가 먹을 것은 밭의 채소인즉 네가 흙으로 돌아갈 때까지 얼굴에 땀을 흘려야 먹을 것을 먹으리니 네가 그것에서 취함을 입었음이라 너는 흙이니 흙으로 돌아갈 것이니라 하시니라" 창3:17-19

땅이 아담의 범죄로 인해 저주받았다. 이 본문에 따르면 그 결과로 땅에서는 가시덤불과 엉겅퀴가 자라게 된다. 17절에서의 "수고"가 19절에서는 '얼굴에 땀이 흐르는 것'으로 표현되고 있다고 볼 수 있다. 아담은 땀 흘려 수고함 가운데 그가 행한 노동의 결실을 먹게 되었다. 타락 이전 인간은 땀을 흘리지 않았다고 생각할 수는 없을 것이다. 이 본문이 의미하는 바는 인간의 노동에도 불구하고 수확이 예상된 대로 나지 않았고, 필요한 만큼을 거두기 위해 더 많은 수고를 해야 한다는 것이다. 그리고 거기에는 가시덤불과 엉겅퀴의 역할이 있으며, 투여된 노동에 비교해 산출이 모자란다는 점이 땅의 저주받음의 의미라고 생각할 수 있다.

이 본문은 몇 가지를 우리에게 알려 준다. 우선, 노동은 타락이나 부패의 산물이지 않다. 이미 노동은 창조로부터 기원함을 보았거니와, 타락 이후에도 노동은 죄에 대한 심판의 결과이지 않다. 두 번째로, 사람의 범죄로 인해 땅이 저주받았다. 여기에서 땅은 그저 무생물인 것이 아니라, 그 위에 살아가는 사람들의 범죄와 직접 연관되어 있다. 세 번째로, 범죄에 대한 심판으로 인해 노동보다 산출이 적게 되었지만, 땀 흘리는 노동을 통해 사람은 그 생존을 이어갈 수 있게 되었다. 그래서 에덴에서 아담과 하와를 쫓아내신 하나님은 계속해서 아담과 하와로 하여금 땅을 경작하며 살게 하신다.창3:23

노동이 부패하고 변질된 것이 아니라, 사람의 행동이 땅을 더럽히고 저주받은 상태로 만든다. 인간의 범죄가 땅을 더럽히고 부패하게 한다는 언급을 구약 여러 곳에서 볼 수 있다.가령, 창6:11-12; 레18:24-25 그러면 일정한 노동이 투입되어도 땅은 그에 합당한 열매를 내지 않는다. 가인이 그 동생 아벨을 죽였고, 그 피가 땅에 떨어지니 땅이 더럽혀지고 저주받게 되었으며, 가인은 땅에서 떠도는 자가 되었다.창4:11-12 이것은 그가 땀 흘리고 노동하여도 더는 아무런 결실이 맺히지 않게 되었음을 의미한다. 노동해도 거두지 못하는 것은 땅을 더럽히는 죄악 때문이다. 그리고 땅을 더럽히는 죄악의 본질은 관계하나님과 이웃에 대한 폭력이라고 할 수 있을 것이다.

타락 기사는 합당한 수확을 거두기 어려운 노동을 타락 이후의 당연하고 정상적인 질서로 여기게 하지 않는다. 구약의 여러 본문은 이스라엘의 노동을 통하여 필요한 모든 것을 풍성히 얻을 수 있는 삶을 보여준다.레26:3-5; 신28:8 주님은 씨를 뿌리면 삼십 배, 육십 배, 백 배의 결실을 거둘 수 있는 땅을 언급하신다.마13:1-8 이것은 수고하고 애쓴 노동과 그에 합당한 결실이 현재의 세상 가운데 가능하며, 그렇게 되어야 함을 보여준다. 세상은 변화될 수 있고, 변화되어야 한다. 타락으로 인해 나타난 결과는 숙명이 아니라 극복의 대상이며 바로잡고 돌아가야 할 대상이다. 그런 점에서, 창세기 2-3장은 수고로운 노동을 체념적으로 받아들이게 하지 않고, 사람과 땅을 황폐하게 만드는 폭력에 대해 단호하게 거부하고 맞설 것을 촉구하고 있다고 할 수 있다.

노동은 신분 낮은 이들에게 할당된 것인가? -고대 근동 신화와 창세기 비교

창세기 1-11장의 핵심을 이루고 있는 창조와 홍수 이야기와 거의 비슷한 내용이 고대 중동의 신화들에도 등장한다는 것은 잘 알려진 사실이다. 창세기와 고대 중동 신화의 공통점과 차이점에 대해서는 이미 많은 연구가 있다. 이 글에서 다루고 싶은 것은 노동에 대한 시각이다.

수메르 신화 가운데 인간 창조를 다루고 있는 "사람이 태어난 이야기"에서 주신主神 엔키가 사람을 만드는 까닭은 이전에 강바닥을 파내어 수로를 정비하는 일을 하는 작은 신들이 노동의 고역으로 인해 내지르는 불평 때문이었다. 엔키는 흙과 피를 섞어 사람을 만들었으며, 그들로 작은 신들 대신 수로를 정비하는 일을 하게 하였다. 역시 수메르 창세 신화인 "지우수드라"에 따르면, 신들에 의해 만들어진 인간들이 수로를 파는 노동을 하였고, 노동의 고역으로 인한 불평이 번거로워진 주신 엔릴이 인간들을 홍수로 멸할 계획을 세운다고 되어 있다. 바벨론 신화인 "아트라하시스"에서는 이 두 가지 내용이 결합하여 있다. 노역에 시달리던 작은 신들이 반란을 일으키고 이를 제압한 큰 신들은 주동자 신을 죽여 그 피와 흙을 섞어 사람을 만든다. 그리고 그 사람으로 하여금 노역을 대신하게 하지만, 사람들이 노역으로 인해 불평하자 그들을 없애 버릴 홍수를 계획한다는 것이다. 신들에 의해 만들어진 인간이 신들이 하던 노역을 대신하게 되었고, 신들은 쉬게 되었다는 점은 또 다른 바벨론 창조신화인 "에누마 엘리쉬"에서도 찾아볼 수 있다.

고대 중동 신화들에서 노동은 괴롭고 고통스러우며, 가능한 한 피해야 하는 것이다. 그래서 하급 신들이 이 일을 감당하다가, 사람이 만들어지면 사람에게 이 일을 떠넘긴다. 노동은 '아랫것들'이 하는 것이며, 조금이라도 지위가 높아지면 절대로 하지 않는다. 그에 비해, 구약 창세기에서 여호와 하나님은 처음부터 일하시는 하나님으로 등장하며, 신약성경에서도 일관되게 지금도 일하시는 하나님으로 표현된다. 노동은 처음부터 하나님께서 모든 사람에게 부여하신 거룩한 사명이었다. 사람이 살아가는 공간을 경작하고 지키는 것, 개발과 보존이야말로 인간의 기본적인 사명이다.

그러므로 구약의 하나님을 믿는다는 것은 노동의 가치와 의미를 이해하고 존중하며 따르는 것으로 표현할 수 있다. 구약의 여호와 하나님과 고대 중동 신화들에 등장하는 신들의 차이는 단순히 이름 몇 글자의 차이가 아니라, 노동에 대한 근본적인 견해 차이이다. 여호와를 믿는다 하면서, 노동을 벗어버릴 짐으로 여긴다면 그는 아마도 우상을 섬기고 있다고 말해야 할 것이다.

중동의 창조 이야기는 신들을 위해 노동력을 제공하는 존재로서 인간을 설정하며, 이를 통해 신과 신의 대행자로서의 왕, 그리고 신과 왕을 위해 일을 하는 일반 하층민이라는 수직적 질서 체계를 합법화시키고 정당화한다. 그러나 구약은 왕들만이 신의 형상인 것이 아니라 모든 사람이 하나님의 형상임을 선언한다. 그런 점에서 구약의 창조 이야기는 고대 중동 지방의 문화와 사상에 대한 강력한 대응이며 새로운 가치의 선언이라고 볼 수 있다. 관계를 지으신 하나님께서는 노동을 통해 왕으로서 인간의 사명을 감당하게 하셨다. 노동은 하나님께서 지정하신 거룩한 것이며, 사람은 노동을 통해 하나님의 창조 역사에 참여하게 된다.

결론

사람이 노동한다는 것은 지금도 일하시는 하나님을 본받는 것이다. 모든 노동에는 그에 합당한 보수가 수반되며, 이것은 하나님께서 세우신 거룩한 질서이다. 그리고 하나님은 천지를 지으신 노동에 이어 하루를 쉬신 안식을 누리심으로, 하나님을 본받는 사람 역시 안식을 누리도록 초대하신다. 이 글에서는 다루지 않지만, 노동에 대한 고민은 반드시 '쉼' 혹은 '안식'에 대한 논의와 함께 이루어져야 한다. 이에 대해서는 「안식일이냐, 주일이냐」[대장간, 2015]에 실린 필자의 글 "안식, 그 거룩한 부르심"을 보라 노동과 쉼은 함께 간다.

노동은 사회적으로 실패하거나 낮은 계층에 속한 이들이 하는 것이지 않다. 하나님의 형상대로 지음 받은 이들에게 맡겨진 사명이다. 우상 숭배와 싸운다는 것은 노동을 천시 여기는 고대 중동 신화의 세계관과의 싸움이라고 표현할 수 있다. 여호와 하나님께 대한 신앙은 단지 그의 신앙고백이라기보다는 노동에 대한 그의 고백과 태도로 표현된다고까지 말할 수 있을 것이다.

모든 일하는 이들은 노동하는 사람이다. 하나님의 말씀을 선포하는 사람이든, 하나님이 지으신 세상을 경작하고 지키는 사람이든, 그들은 각자의 영역에서 노동하는 이들이다. 서로가 서로에게 의존해 있으며, 서로의 노동을 통해 모두 함께 살아갈 수 있다. 글의 첫머리에 언급했듯이, 우리는 노동자라고 불리는 것을 꺼린다. 우리 사회의 대다수를 차지하는 이들이 현장과 사무실에서 열심히 일하는 노동자들이고, 우리 하나님께서도 일하셨다면, 오히려 우리 교회가 이러한 용어를 적극적으로 사용하는 것이 좋지 않을까? 그리고 이것이야말로 노동하는 우리 이웃들과 소통하려는 교회의 노력이지 않을까?

2장

내 백성을 보내라
-하나님의 황홀한 설계"로 충분한가?

전성민
밴쿠버기독교세계관대학원 세계관 및 구약학 교수

내 백성을 보내라
전성민

- "하나님의 황홀한 설계"로 충분한가?

1. 일은 타락으로 인한 형벌이 아니다. 이 사실은 매우 중요하다. 인간은 노동하는 존재로 지어졌기에 설령 타락이 없었더라도 사람은 일해야 한다. 비록 창세기 3장에서 일을 할 때 따라오는 어려움이 타락 이후 저주로 제시되고 있지만, 일 자체가 저주는 결코 아니다. 만일 그렇다면 하나님 자신은 일하지 않으셨을 것이다. 하지만 성경은 처음부터 일하시는 하나님의 모습을 알려준다. 폴 스티븐스는 "하나님의 일은 무엇인가"라는 질문에 답하기 위해 먼저 하나님이 하시는 일을 총망라한다.

> 성경의 위대한 주제들은 하나님의 일을 상기시킨다. 창조자이신 하나님은 형태를 만드시고, 제조하시고, 유지하시고, 완성하신다. 사랑하는 분이신 하나님은 관계적인 일을 하시고, 존엄성과 건강과 의미를 부여하신다. 구원자이신 하나님은 구속의 일, 고치는 일, 하나로 묶는 일, 구하는 일을 하신다. 지도자이신 하나님은 공동체를 세우시는 일과 최종적으로 완성하는 일을 하신다. 합

법적인 인간의 일…은 예외 없이 어떤 차원에서든 하나님의 일을 반영한다. 만들기, 설계하기, 허드렛일 하기, 미화하기, 조직하기, 돕기, 존엄성을 부여하기, 지도하기 등.[1]

일은 타락으로 인한 형벌이 아니라 하나님도 처음부터 행한 신성한 것이다. 그야말로 일은 "하나님의 황홀한 설계"[2] 다. 일이 원래 신성하다는 사실은 여러 구체적인 일들 사이에 거룩한 정도의 위계가 없다는 사실로 이어진다. 모든 성도가 제사장이듯이, 모든 일이 거룩한 하나님의 일이다. "세상에 하찮은 일은 없다."[3] 하나님의 창조는 모든 일이 물론 하나님의 계명을 어기는 일은 제외하고 하나님의 일이라고 선언한다.

2. 그러나 일이 형벌이 아니라는 사실을 강조해야 하는 이유는 역설적으로 **우리의 일상이 그렇지 않기 때문이다.** "밤낮없이 매달려도 입에 풀칠하기조차 버겁다."[4] 는 말은 낯설지 않다. 어떤 노동은 형벌이 아니라고 말하기 어려워 보인다. 30년이 지난 사진이고, 아마도 가장 극단적인 현장 모습 중 하나이겠지만 Sebastião Salgado가 1986년에 찍은 브라질의 세라 펠라다 금광의 노동 현장 사진들[5] 을 볼 때면, 과연 일이 "하나님의 황홀한 설계"인지 되묻게 된다.

살가도의 사진이 담고 있는 극한 노동이 아니더라도 현실 노동의 무상함과 무익함, 심지어 파괴성을 인식하는 것은 그리 어렵지 않다. 이미 말했지만, 노

---

1) 폴 스티븐스, 『21세기를 위한 평신도 신학』(서울: IVP, 2001), 145-146.

2) 팀 켈러, 『팀 켈러의 일과 영성』(서울: 두란노, 2013), 39.

3) 켈러, 54

4) 켈러, 102.

5) http://www.amusingplanet.com/2016/02/the-gold-mines-of-serra-pelada.html.

동이 선한 창조임을 강조하는 이유는 그렇지 않아 보이는 노동의 현실을 우리가 너무나 잘 알고 있기 때문이다. 자본주의가 일을 너무나 많이 왜곡시켜, 일이 더는 소명이 아닌 생존을 위한 것이 되었다는 주장을 반박하기가 그리 쉬워 보이지는 않는다.[6] 이 문제를 적나라하게 지적한 글을 보자.

> 모르는 손님들에게 건강에 해로운 패스트푸드를 주는 것과 부자 손님들의 건강하지 않은 식욕을 돕는 것 사이에는 아무런 차이가 없다. 버릇없는 미국 소비자들을 위해 지나치게 비싼 신발을 생산하려고 노동할 때와 부자들의 환상을 위해 비싼 차를 디자인할 때도 차이가 없다. 월급과 명성 외에는 차이가 없는 것이다. 십 달러를 받든 만 달러를 받든 간에, 매춘부는 매춘부다. 우리의 직업 대부분은 본질에서 같다. 즉 탐욕을 채우고, 이미 안락한 사람들의 더 큰 안락을 증진하려는 착취의 다양한 변종일 뿐이다.[7]

이러한 문제 제기와 유사하게 미로슬라브 볼프는 *Work in the Spirit: Toward a Theology of Work*라는 저서에서 아동 노동, 실업, 차별, 인간성 말살,

---

6) www.ptev.org/interview.aspx?iid=5에 실린 Douglas J. Schuurman의 인터뷰. 제임스 데이비슨 헌터, 『기독교는 어떻게 세상을 변화시키는가』(서울: 새물결플러스, 2014), 371에서 재인용. 팀 켈러도 유사한 지적을 한다. "일에서 그처럼 자주 소외를 경험하는 또 다른 이유는 불의와 비인격화라는 요소가 모든 사회 체제 안에 늘 도사리고 앉아 일의 본질을 왜곡하고 오염시키는 탓이다." 켈러, 128.

7) Robert Brimlow, "Paganism and the Professions," *The Ecclesia Project* (2002), 7. 헌터, 371-2에서 재인용. 켈러의 다음과 같은 지적 또한 매우 통찰력이 있다. "사실, 세계관에 지나치게 무게를 두는 자세는 얼마쯤 위험 요인을 내포하고 있다. 블루컬러 노동자가 하는 일보다 화이트컬러에 특혜를 주게 될 수 있다는 점만 해도 그렇다. 작가나 경영인들은 기독교 신앙을 일터에 적용하는 걸 신중하게 고려해 볼 기회가 있다. 그러나 조립 라인의 생산직원, 공예품을 만드는 장인, 또는 정비사의 경우처럼 세계관이라는 게 하루하루 처리하는 일상적인 작업에 특별한 영향을 줄 수 없는 근로자들에게 얼마나 의미가 있겠는가? … 그러므로 일을 사랑이 많으신 하나님의 세상을 향한 섭리를 전달하는 도구로 보는 성경의 노동관은 대단히 중요하다. 크리스천의 세계관이 가진 차별성에 집착할 때 발생할 수 있는 엘리트주의와 파벌주의를 제어해 주는 까닭이다." 켈러, 229-230.

착취, 생태 위기를 일의 위기의 측면들이라고 다음과 같이 설명한다.[8] 값싼 임금으로 위험한 일을 시키면서도 어른 만큼의 생산성을 확보하기 위해 아동 노동이 여전히 행해지며, 실업은 사회의 일원으로서의 정체성과 존재 가치를 상실케 한다. 인종뿐 아니라 성별 또한 여전히 차별의 이유가 되며, 생존을 빌미로 인간의 자유와 존엄성을 무시한 채 인간을 도구처럼 사용하는 노동과 인간의 창의성을 무시한 공장 조립 라인의 단순 반복적인 노동 등은 인간성을 말살시킨다. 개인적인 차원에서 자신들의 부를 증가시키기 위해 가난한 자들을 착취하는 일이 여전히 벌어지며 볼프의 저술 당시 전 세계 인구의 1/4에 불과하지만 전 세계 부의 4/5를 차지하는 부유한 북반구의 국가와 그렇지 않은 작은 나라들과의 불공정한 관계는 노동을 제공하는 나라를 착취했다. 또한, 인간 노동은 생태 문제의 핵심 원인이다. 일이 "하나님의 황홀한 설계"라는 설명과 이러한 일의 왜곡과 위기를 어떻게 조화시킬 것인가?

3. 노동이 왜곡되고 위기에 처하게 된 것은 보통 타락의 영향이라고 설명한다. 그러한 설명은 근원적으로 옳다. 하지만 설명에 그치지 않고 타락으로 방향이 뒤틀려진 현실의 노동을 어떻게 대해야 하는지 삶의 응답을 찾아야 한다. 이 지점에서 "무슨 일을 하든지 마음을 다하여 주께 하듯 하고 사람에게 하듯 하지 말라"골 3:23; 엡 6:5-7 참고며 일의 타락을 극복하는 것이 개인의 태도에 달려있다고만 여기거나, 여전히 창조의 관점에서 노동이 "하나님의 황홀한 설계"라고만 반복해 강조하는 것은 이 문제에 대해 성경이 줄 수 있는 통찰을 온전히 담아내지 못한다. 이와 관련해 현실의 노동을 창조의 관점에서만 바라볼 때 생길 수

---

8) Miroslav Volf, Work in the Spirit: Toward a Theology of Work (New York: Oxford University Press, 1991), 36-45. 볼프의 저서가 1991년에 출판된 것이기에 시대에 뒤떨어진 부분이 분명히 있으나, 그가 제기한 위기들은 여전히 존재한다.

있는 위험과 총체적 구속이 왜곡된 현실 노동에 어떻게 응답하는지 살펴보자. 먼저, 일은 하나님의 창조에 속한 것으로 그 자체가 선하다는 창조 신학이 기득권 옹호에 이용될 가능성을 보여주는 창조 신앙/신학의 위험성을 살펴보자. 아래는 브루그만의 지적이다.

> 부정적인 면에서 보면, 창조 신앙은 왕의 선전 도구로 전락해, 뻔뻔스럽게도 왕-성전-예루살렘으로 이루어진 복합체가 사회 질서와 우주 질서의 보증인이 된다고, 또 개인과 공동체를 무질서의 위험으로부터 지켜 주는 실재의 중심이 된다고 주장한다. … 창조 신앙은 정의의 문제보다는 질서의 문제를 더 중요하게 여기는 경향이 있다. 창조 신앙은 균형을 지나치게 높이 평가하며, 가난한 사람이 제기하는 껄끄러운 문제는 엎어 버리려는 경향이 있다.[9]
>
> 창조 신학의 사회적 기능은 변혁을 희생시키며 질서를 세우고, 정당화하고, 변호하는 것이다. 창조의 하나님의 선한 질서가 혼돈에 대항하는 분명한 판결이라고 선언하는 것은 안도감을 준다. 문제는 창조 신학이 내 생각으로는 불가피하게 정기적으로 왕과, 왕정의 예배와 그리고 국가의 구실들과 동맹을 맺는다는 것이다. 그 결과, 경제적 분배와 정치적 힘에 대한 왕적 질서를 하나님의 의도된 질서의 선함과 융합하고, 그것을 통해 현재의 질서를 하나님이 창조 안에서, 그리고 창조를 위해 명하신 바로 그 구조로 절대화시키게 된다.[10]

이러한 창조 신학의 보수적 위험성에 대해 리차드 미들톤은 "창조 신학이 본래 보수적인가"를 질문하며 성서학적 논의와 더불어 자신의 자메이카에서의

---

9) 월터 브루그만, 『예언자적 상상력』 (서울: 복 있는 사람, 2009), 91-92

10) Walter Brueggemann, Israel's Praise: Doxology against Idolatry and Ideology (Philadelphia: Fortress Press, 1988), 101.

경험을 통해 창조가 얼마나 해방적일 수 있는지 적절하게 설명한다.[11]

그러나 창조 질서라는 명목으로 성적, 인종적, 계급적 차별이 정당화되었던 것 또한 분명한 사실이기에 브루그만의 지적은 매우 신중히 받아들여야 한다. 지금 우리가 이야기하고 있는 현실의 노동과 관련하여서도, 가난한 사람들의 어려움을 그들의 게으름에 따른 당연한, 즉, 창조 질서 또는 법칙에 따른 결과라고 말하기가 얼마나 쉬운가. 심지어 그러한 생각을 정당화하는 듯한 성경 구절을 인용할 수도 있다. 예. "손을 게으르게 놀리는 자는 가난하게 되고 손이 부지런한 자는 부하게 되느니라" 잠 10:4[12] 지금 존재하는 것이 창조 질서의 반영으로 여겨진다면 현 구조에 대한 성찰은 원천적으로 봉쇄된다. 세상은 원래 그렇게 만들어졌다고 하면서 말이다. 그러나 성경은 구조에 대한 성찰을 요구한다. 그것은 구속의 총체적성격 때문이다.

4. 성경의 구속은 총체적이다. 성경적 구속은 실업이나 착취를 경험하는 사람들에게 당신의 모든 일이 다 거룩하다는 인식과 그렇기에 어떤 상황에서도 모든 일을 주께 하듯 하는 태도의 변화가 필요하다고 말하지 않는다. 노동 자체는 분명 하나님의 창조 계획의 일부이지만, 노동의 일상이 타락의 영향을 받은 상황에서 우리는 기득권을 유지하는 창조 신학의 위험을 인식하며, 구속이 태도가 아니라 제도까지 영향을 미치고 또 미쳐야 함을 분명하게 말해야 한다.

성경이 보여주는 구속의 모델은 출애굽이다. 출애굽 이야기에 익숙해질수록 출애굽 전 이집트에서 이스라엘 사람들이 겪었던 현실이 얼마나 열악했는지 실감하기 힘들다. 게다가 구약 이야기들을 소위 "영적"으로만 해석하는 경향은

---

11) Richard Middleton, "Is Creation Theology Inherently Conservative? A Dialogue with Walter Brueggemann," Harvard Theological Review 87.3 (1994): 257–277.

12) 그 외에도 잠 30:21–23 ; 6:6–11 ; 12:24 등을 보라.

출애굽을 예배 공동체의 탄생으로만 여기게 한다. 즉, 하나님께서 이스라엘을 출애굽 시킨 것은 하나님을 섬기는또는 예배하는 민족을 만들기 위함이라는 것이다. "너는 바로에게 이르기를 여호와의 말씀에 이스라엘은 내 아들 내 장자라. 내가 네게 이르기를 내 아들을 보내 주어 나를 섬기게 하라"출4:22-23a

그러나 출애굽 이야기를 자세히 읽어 보면, 이스라엘이 출애굽을 통해 경험한 구속은 매우 총체적임을 알 수 있다. 정치적으로 소수 난민의 후손이었던 그들은 부당한 차별의 표적이었다.출1:8-10 13) 사회적으로 삶의 첫 시작점인 가족조차 이스라엘 사람들 – 특히 산모와 그녀의 남자 아기들 – 에게는 죽음의 위협에 그대로 노출되어 있었다.출1:15-16 14) 그리고 이 글의 주제와 관련된 경제적 측면에서 이스라엘 사람들은 토지를 소유하지 못한 채 강제 노동에 시달렸다. 그들의 노동의 산물은 자신들이 아니라 이집트에만 돌아갔다.15)

> 감독들을 그들 위에 세우고 그들에게 무거운 짐을 지워 괴롭게 하여 그들에게 바로를 위하여 국고성 비돔과 라암셋을 건축하게 하니라 … 이스라엘 자손에게 일을 엄하게 시켜 어려운 노동으로 그들의 생활을 괴롭게 하니 곧 흙 이기기와 벽돌 굽기와 농사의 여러 가지 일이라 그 시키는 일이 모두 엄하였더라.출1:11-14

이런 왜곡된 노동 현실에서 하나님은 이스라엘을 구해내셨다. 노예처럼 강제 노동을 당하는 이스라엘 사람들에게 하나님은 그 노동 또한 하나님을 향한 예배가 된다고 말씀하지 않으셨다. 이집트에서 착취당하던 이스라엘 사람들의 노동 현실에 대해 하나님은 기성 질서를 인정하고 그 안에서 태도와 관점의 변

---

13) 크리스토퍼 라이트, 『하나님의 선교』 (서울: IVP, 2010), 339.

14) 라이트, 340.

15) 라이트, 340.

화를 요구하신 것이 아니라, 그 구조 자체를 부정하시고 그들을 구출해 내셨다. 이것이 총체적 구속이며, 이러한 구속에 대한 이해는 현대의 노동 상황에도 적용되어야 한다. 자신 노동의 열매를 자신이 누리지 못하는 구조라면 그 자체를 변화시키는 것이 온전한 성경적 요구다. 성경의 구속이 총체적이기 때문이다.

5. 사무엘상 8장 또한 **노동의 현실과 관련해 통찰을 얻을 수 있는 본문**이다. 이 본문 또한 특정 권력 구조 속의 현실 노동이 얼마든지 잘못되어 있을 수 있다는 것을 잘 보여준다. 출애굽기 1장처럼, 존재하는 노동이 모두 "하나님의 황홀한 설계"가 아닐 수 있다는 것을 보여주는 본문이다. 하지만 출애굽기와 다른 점이 있다. 출애굽기에서는 하나님께서 이스라엘을 그런 왜곡된 노동에서 벗어나게 하셨던 반면, 사무엘상에서는 출애굽을 통해 강제 노동 구조를 벗어났던 이스라엘이 다시 왕정 아래 노동을 착취당하는 상태로 스스로 돌아가고자 한다는 점이다.

사무엘상 8장에서 이스라엘 장로와 백성들은 사무엘 아들들의 타락을 지적하며 자기들에게 왕을 세워달라고 사무엘에게 요구한다. 사실 그들이 왕을 구했던 더 근본적인 이유는 다른 나라들과 같이 되고자 하는 바람이었다. 이스라엘 백성들과 장로들에게 왕을 세운다는 것은 세상의 방식을 따라 안전을 도모하겠다는 의미였다.[16] 그러자 사무엘은 이 문제를 하나님께 가지고 나아간다. 그런데 하나님의 대답은 매우 의외였다. 이스라엘 장로들의 요청이 하나님 자신을 버려 왕이 되지 못하게 하고 다른 신들을 섬기는 우상숭배와 같은 것이라고까지 말씀하시면서도8절, 그 요청을 받아주라고 하신다.9절상 대신 백성에게 왕의 "제도"가 어떤 것인지 가르치면서 엄히 경고하라고 하신다.

---

16) Eugene Peterson, First and Second Samuel (Westminster: John Knox, 1999), 56.

왕의 권력은 무엇보다 "데려가는" 권력이다. 11절의 "데려다가", 13절의 "데려다가", 14절의 "가져다가", 16절의 "끌어다가" – 이 모두가 히브리어로는 다 같은 동사다. 왕은 백성의 아들들을 군대로 징집해 갈 것이며13절, 딸들은 왕궁의 다양한 일꾼으로 만들 것이며13절, 가장 좋은 농산물을 가져다가 충성된 신하에게 상으로 줄 것이며14절, 심지어 종들과 가축들까지 끌어다가 왕의 일을 시킬 것이다.16절 가장 좋은 소출을 가져갈 뿐 아니라, 아예 농사지은 곡식과 포도 십 분의 일을 거두어 역시 왕궁의 측근들에게 줄 것이다.15절 게다가 양 떼의 십 분의 일도 거두어 간다.17절 그야말로 모든 것을 가져가는 것이 왕의 "권리"인 양 행동할 것이다.

이러한 왕의 착취는 한마디로 이스라엘 백성을 종으로 전락시키는 것이었다.17절하 사무엘이 이스라엘 백성이 스스로 택한 왕 때문에 부르짖는 날이 와도 하나님께서 응답하지 않으실 것이라고 마지막으로 경고하지만, 백성은 사무엘의 말 듣기를 끝내 거절한다. 여기서 백성들이 왕을 가지고 싶어 했던 이유가 분명히 드러난다. 그들은 하나님이 아니라 "우리" 자신의 힘이 필요하다고 생각했다. 스스로 지켜내는 안정 속에 다른 나라와 같이 번성하는 문화와 부를 경험하고 싶어 했다. 김구원, 『사무엘상』 그리스도인을 위한 통독 주석 시리즈; 서울: 홍성사, 2014, 187 참고.

그러한 안정과 풍요를 얻는 대가로 그들은 하나님께서 출애굽 역사를 통해 그들에게 주었던 가장 근본적인 정체성, 자유인이라는 정체성을 버리려 했다. 그것은 역사를 거꾸로 돌리는 일이었다. 사무엘상 8장에 대한 요약은 「묵상과 설교」 2016년 5, 6월호에 실릴 "성경 이야기와 복음, 그리고 기독교 세계관"이라는 글 일부를 정리한 것이다.

이스라엘 백성들이 왕정 아래 경험하게 될 노동의 현실은 브루그만이 지적했던 대로 창조 신앙과 왕정이 결합할 경우 바로잡아야 할 왜곡이 아니라 순응해야 할 신적 질서가 되어버리고 만다. 사무엘상 본문의 흥미로운 점은 이러한 창조 신앙과 왕정의 결합 대신, 이스라엘 백성의 세속적 욕망이 억압적 노동 현실을 용인하게 만들었다는 점이다. 누가 보아도 정의롭지 못한 노동의 현실이 큰 의심과 저항 없이 받아들여질 때면, 심지어 사람들이 자신을 착취의 자리에 내던진다면, 그것을 가능케 하는 다른 욕망은 무엇인지 살펴볼 필요가 있다.

6. 아무리 일이 "하나님의 황홀한 설계"라 하더라도 현실에는 그냥 받아들일 수 없는 노동의 모습이 분명히 존재한다. 그리고 그것은 구조의 문제인 경우가 많다. 이런 경우 일이 하나님의 창조라는 말만으로는 부족하다. 창조 신학이 약자를 위한 성찰을 잃어버릴 때 기득권 옹호의 신학이 될 위험성이 높다. 일을 "하나님의 황홀한 설계"로 여기는 창조 신학은 일을 행하는 주체인 모든 사람이 "하나님의 황홀한 형상"으로 창조되었다는 사실 또한 확실히 붙잡아야 한다. 그렇지 않을 경우, 파라오만을 유일한 신의 형상으로 여기며 그를 위해 피라미드를 건축하던 노예들의 노동 또한 하나님의 황홀한 설계라고 말해 버리는 치명적인 잘못을 범하게 된다. 모든 사람이 동등하게 하나님의 형상임을 체현하는 세계관을 계시하신 하나님은 이집트의 노예 노동에서 이스라엘을 해방했다. 지금 실업과 착취라는 노동의 위기 속에 갇힌 사람들에게 필요한 것은 "모든 것을 주께 하듯 하라"는 질서 수호의 충고가 아니라 "내 백성을 보내라"출 5:1는 해방의 선포다.

3장

복음서로 읽는 노동의 의미

조석민
에스라성경대학원대학교 신약학교수
기독연구원느헤미야 연구위원

복음서로 읽는 노동의 의미[1]

조석민

들어가는 말

우리 시대에, 좀 더 분명히 말해서 열심히 일해도 가난한 우리 시대에, '노동' 勞動의 의미는 무엇인가?[2] '노동자' 勞動者를 바라보는 시각은 무엇인가?[3] 언론에서 다루어지는 노동 및 노동자의 주제는 노사분규 현장 기사에서 노동의 갈등을 보고하거나, 통계 숫자를 중심으로 노동부 또는 통계청의 발표를 기사화한다. 그렇지 않으면 언론 기사의 주제는 노동과 관련된 실업자와 빈곤계층에 대한 수치나 아니면 노동정책을 보도하거나, 정부나 국회 또는 노동단체가 내놓는 실업 대책을 기사화하여 법률적인 규범과 조항을 다루는 것이 대부분이다. 하지만 이런 내용들을 안다고 노동 문제의 본질을 아는 것은 아니다. 오늘

---

[1] 이 글은 2013년 8월 12일에 기독연구원느헤미야 연구위원들이 평화누리 노동세미나에서 발표한 것을 수정 보완한 것이다.

[2] 안수찬 외 3인, 『4천원 인생: 열심히 일해도 가난한 우리시대의 노동일기』, (서울: 한겨레출판, 2010)

[3] 이 글에서 '노동'은 '일'과 동일한 개념으로 이해하며, '노동자'는 '근로자' 또는 '일꾼'(=일 하는 자)과 같은 의미로 필요에 따라 상호 교환적으로 사용할 것이다.

날 우리 시대에 실업자가 늘고, 임금은 줄어들며, 비정규직만 양산된다는 것쯤은 누구나 아는 일이다. 하지만 노동자의 노동 현실과 관련된 감정과 그들의 경험 그리고 그들의 일상을 조금이라도 이해할 때 비로소 노동 및 노동자를 안다고 할 수 있을 것이다.

이런 점에서 신약성경은 오늘날 노동 및 노동자를 이해하는 데 적절한 텍스트 역할을 할 수 있는가? 과연 신약성경에서, 특별히 복음서에서, 노동의 담론을 읽을 수 있는가? 신약성경 본문 속에서 노동의 현실을 읽어내며 노동자의 경험과 감정을 조금이라도 이해할 수 있다면 오늘날 노동의 현실을 이해하며 기독교인으로서 노동과 노동자를 바라보는 시각에 도움이 될 것이라는 희망 속에서 이 작업을 시작한다. 신약성경에서 노동의 의미와 노동자의 현실 및 경험을 이해하려면 먼저 노동과 관련된 어휘를 살펴보고 본문의 의미를 해석해야 할 것이다.

이 글에서는 신약성경의 노동 담론을 확인하는 작업을 복음서로 제한하여 살펴볼 것이다. 특히 예수 당시 노동 및 노동자의 상황을 사회경제사적인 측면에서 살펴보며 노동 및 노동자에 대해서 어떤 이해가 있었는지 확인할 것이다. 예수 당시 사람들이 노동을 바라보는 시각은 무엇이었으며, 노동자의 상황은 어떠했는가? 예수는 노동에 대하여 어떤 가치를 부여했는가? 예수는 당시 노동자의 권리를 옹호했는가? 이런 질문에 초점을 맞추어 우리의 연구를 진행 할 것이다.

1. 복음서의 노동 담론

복음서에 기록된 노동 담론을 이해하기 위해서 비록 제한적이지만 노동 및 노동자와 관련된 언어를 중심으로 살펴보자. 그 언어들 가운데 한글성경[4]에 '일꾼' '에르가테스', $\acute{\epsilon}\rho\gamma\acute{\alpha}\tau\eta\varsigma$, '품꾼' '미스띠오스', $\mu\acute{\iota}\sigma\theta\iota o\varsigma$, '삯꾼' '미스또토스', $\mu\iota\sigma\theta\omega\tau\acute{o}\varsigma$, '일' '에르곤', $\acute{\epsilon}\rho\gamma o\nu$, '수고하다' '코피아오', $\kappa o\pi\iota\acute{\alpha}\omega$ 로 번역된 단어를 연구의 대상으로 제한한다. 그 이유는 최소한 이 다섯 단어가 복음서에서 노동 및 노동자와 깊이 관련이 있는 것처럼 보이기 때문이다.

1.1. 일꾼

복음서에 사용된 헬라어 '에르가테스' 는 노동자를 의미하는 가장 일반적인 단어로 한글성경에서 '일꾼' 으로 번역하였다.참조. BDAG, 390 이 단어는 신약성경에 모두 16회 사용되었다. 그 중에서 마태복음에 6회 사용되었고마 9:37, 38; 10:10; 20:1, 2, 8, 누가복음에 4회눅 10:2(2회), 7; 13:27, 사도행전 19:25에 1회 사용되었다. 이 단어는 마가복음과 요한복음에는 등장하지 않는다.

바울은 '일꾼이 자기 삯을 받는 것은 마땅하다.' 눅 10:7라는 관점에서 '복음을 전하는 사람들에게는 복음을 전하는 일로 살아가라' 고전 9:14라고 가르친다. 예수께서 '일꾼이 자기 삯을 받는 것은 마땅하다.' 라고 말씀하신 것은 당시 팔레스타인의 열악한 노동 상황을 반영하고 있는 것으로 이해할 수 있다. 많은 땅을 소유한 대지주는 일용직 노동자를 고용하여 일을 시키고 그 대가를 적절히 지불해야 함에도 불구하고 노동자의 임금을 착취하는 일이 일어나는 상황을 염두에 두고 말씀하신 것이다. 팔레스타인의 부자들이 가난한 일용직 임금노동자들을 어떻게 착취했는지 야고보서 5:1-5은 분명히 알려준다. 많은 토지를 소유

---

4) 이 글에 인용된 한글성경은 새번역이다.

한 대지주인 부자들은 추수를 위하여 많은 일꾼을 일용직 임금 노동자로 고용해야만 했다. 하지만 때때로 그들이 약속한 일용직 노동자의 임금은 약속대로 지불되지 않았음을 야고보서는 보여준다.

당시 팔레스타인의 일용직 임금 노동자들의 열악한 상황은 마태복음 20:1-16에서도 발견된다. 예수께서 하나님의 구원의 은혜를 설명하시면서 당시 일상의 삶인 포도원 주인과 그 포도원에서 노동하는 일용직 임금노동자 사이의 임금 지불을 통해서 예를 들고 있다. 이 예화 속에 등장하는 포도원 주인은 관리인을 두고 일하는 대지주이다.[8절] 이런 대지주는 당시 일용직 임금 노동자와 계약을 체결할 때 '갑'의 입장에 서 있음을 15절, '내 것을 가지고 내 뜻대로 할 수 없다는 말이오?'에서 암시한다. 자신의 재물을 자기 뜻대로 사용하는 주인의 모습은 오늘날의 일반 고용주와 다름이 없어 보인다. 다행스럽게도 본문에 등장하는 포도원 주인은 고용된 일용직 임금 노동자들에게 계약을 분명히 지킨 긍정적인 사람으로 묘사되고 있다. 하지만 포도원 주인은 무소불위의 권력을 자신의 재물로 행사하고 있었던 사람이라는 것을 당시 독자들은 분명히 이해할 수 있었을 것이다.

1.2. 품꾼

복음서에서 '품꾼'으로 번역된 단어는 헬라어 '미스띠오스'다. 이 단어의 의미는 '고용된 일꾼 또는 일용직 노동자'이다.[참조. BDAG, 653] 1세기 당시 팔레스타인에서 고용된 일꾼이나 일용직 노동자를 '미스띠오스'라고 불렀다. 슈테게만[E.W. Stegemann]은 일용직 노동자를 지중해 지역의 사회계층에서 하위계층에 포함시킨다. 이 하위계층은 상대적으로 빈곤한 자와 절대적으로 빈곤한 자로 분류하는데, 일용직 노동자들은 절대적으로 빈곤한 자들의 부류에 속한다. 절대 빈곤한 자들 가운데는 '시골의 소농, 소작인, 날품팔이, 떠돌이 수공업자들'이 포함되었다. 이들은 '임대 건물에 들어가서 살 형편도 못되어 다리 밑이나 발코니 밑, 혹은 주택 구획의 창고 등에서 겨우 살아가야 했다.' [5] 이 단어는 신약성경에서 오직 누가복음 15:17, 19에만 단 2회 등장하며 모두 '품꾼'으로 번역한다.

외스터리W.O.E. Oesterley는 1세기 당시 유대인 소유의 부동산에서 일하는 종들은 세 계급이 있었다고 소개한다. 첫째 계급은 농노 '둘로스'로 이들은 주인의 재산의 일부분이었고, 가족과 같은 사람이었다. 둘째 계급은 낮은 계층의 종 '파이데스'으로 이들은 농노보다 더 낮은 하인들이었다. 마지막으로 셋째 계급이 품꾼이었다. 품꾼은 자유롭기는 하나 다른 두 종류의 종보다 계급이 더 낮았다고 주장한다. [6] 베일리K.E. Bailey는 외스터리를 인용하여 '품꾼'을 고용된 일용직 임금노동자로 분류한다. 이렇게 고용된 일용직 임금노동자는 외인이었으며, 주인의 재산에 속하지 않았다. 그는 단지 필요할 때 채용된 일용직 노동자로서 농노나 종과 다른 계급이다. [7] 베일리는 농노나 종보다 더 낮은 계층에 속하는 사람들이 일용직 노동자라고 보았다. [8] 이런 점에서 누가복음 15:17, 19에 등장하는 품꾼은 오늘날의 일용직 노동자와 차이가 없는 사람이다.

5) E.W. Stegemann and W. Stegemann, 『초기 그리스도교의 사회사』, (서울: 동연, 2009), 161-62를 보라.

6) W.O.E. Oesterley, The Gospel Parables in the Light of Their Jewish Background (London: SPCK, 1936), 185-86을 참조하라.

7) K.E. Bailey, 『시인과 농부: 누가복음 비유의 문학적, 문화적 접근』, (서울: 여수룬, 1998), 350-51을 참조하라.

8) Bailey, 『시인과 농부』, 350-51을 보라.

1.3. 삯꾼

복음서에 '삯꾼'으로 번역된 헬라어 '미스또토스'는 주인에게 고용된 임금 노동자를 의미한다.참조. BDAG, 654 이 단어는 신약성경에서 3회 등장하는데, 요한복음 10:12-13에 2회, 마가복음 1:20에 1회 사용되었다. 요한복음은 이 단어를 '삯꾼'으로 번역하여 임금 노동자인 것을 분명히 밝히고 있다. 한글성경은 마가복음 1:20에 사용된 이 단어를 '일꾼'으로 번역하여 '에르가테스'와 구별하지 않았다. 마가복음에 사용된 이 단어는 문맥 속에서 '일꾼'이 고용된 사람, 즉 임금노동자인 '삯꾼'임을 알 수 있다.

신약성경에서 '삯꾼'으로 번역된 이 단어는 헬라어 동사 '미스또오'와 밀접하게 관련되어 있다. 헬라어 동사 '미스또오'는 '고용하다, 채용하다. 사람을 쓰다'의 의미로 마태복음 20:1, 7에 등장한다.참조. BDAG, 653-54 '삯꾼'과 관련된 또 다른 헬라어 단어는 '미스또스'로 그 의미는 '임금, 품삯, 삯, 보상, 징벌', 등으로 매우 다양하다.참조. BDAG, 653 이 단어는 복음서에 15회 등장한다. 하지만 '임금, 품삯 또는 삯'이란 의미로는 복음서에 모두 3회 사용되었다.참조. 마20:8; 눅10:7; 요4:36

1.4. 일

한글성경에서 '일'로 번역된 헬라어 '에르곤'은 그 의미가 매우 광범위하다. 그런 점에서 이 단어가 언제나 모든 문맥에서 임금을 받고 노동하는 사람들의 일을 의미하지 않는다. 이 단어는 일반적인 개인의 일이나 정기적인 일과 노동자의 노동을 모두 의미할 수 있다. 예수께서 자신의 구원 사역을 감당할 때도 이 단어를 사용하였으며, 특히 요한복음에서 이 단어는 예수께서 행하신 기적 사건과 밀접하게 관련되어 사용되기도 하였다.참조. BDAG, 390-91 요한복음을 제외한 다른 복음서에 이 단어가 모두 10회 사용되었고, 사도행전에 10회 사용되었다. 하지만 이 단어가 임금 노동자의 노동을 암시하는 경우는 마가복음 13:34의 경우가 유일하다. 마가복음 13:34에 등장하는 '일'도 전체 문맥인 마가복음 13:32-37에서 이해할 때, 그 일이 주인이 맡긴 일임을 알 수 있다.

이 단어와 관련하여 신약성경에서 헬라어 동사 '에르가조마이'가 사용되었는데, 그 의미는 '일하다, 노동하다, 무역하다, 투자하다'이다.참조. BDAG, 389 신약성경에서 '에르가조마이'는 복음서에 모두 14회, 사도행전에 3회 사용되었다. 이 헬라어 동사 역시 임금 노동자의 노동이나 생계를 위한 노동을 의미하는 경우는 많지 않다. 헬라어 동사 '에르가조마이'가 '일하다, 노동하다'라는 의미로 사용된 경우는 마태복음 21:28과 25:16에 사용된 경우이다. 이 구절은 보다 넓은 문맥인 마태복음 25:14-30 속에서 이해할 때 이 동사가 '일하다, 노동하다'라는 의미로 사용된 것을 알 수 있고, 더욱이 다섯 달란트를 받은 사람이 고용된 사람이라는 것을 이해할 수 있다. 요한복음 6:27-28에서도 헬라어 동사 '에르가조마이'는 '일하다, 노동하다'라는 의미로 사용되었다. 특히 요한복음 6:27의 경우 일상의 삶을 영위하기 위한 노동을 의미한다. 같은 의미로 사용된 경우를 요한복음 9:4에서 찾아 볼 수 있다.

누가는 사도행전 18:3에서 헬라어 동사 '에르가조마이'를 사용한다. 사도행전 18:3을 보다 넓은 문맥인 사도행전 18:1-3 속에서 살펴보면 바울이 고린도를 방문했을 때, 자신과 같은 생업을 갖고 있는 아굴라와 브리스길라 부부를 찾아가서 그들의 집에 머물며 함께 천막을 만드는 일을 했다는 것을 알 수 있다. 이 경우 바울과 아굴라와 브리스길라 부부는 자신들의 일상생활을 위하여 천막 만드는 노동을 한 것이다.

1.5. 수고하다

복음서에서 노동 및 노동자와 관련해서 '수고하다'라는 동사의 사용은 우리의 주제와 밀접하게 관련이 있다. 신약성경에서 헬라어 동사 '코피아오'의 의미는 '육체적으로나 정신적으로 또한 영적으로 자신에게 영향을 주는 힘든 일을 수행하는 것'을 뜻한다.참조. BDAG, 558 이런 점에서 '수고하다'는 곧 힘든 육체노동을 의미하는 동사이다. 이 단어는 신약성경 가운데 복음서에 모두 7회 마6:28; 11:28; 눅5:5; 12:27; 요4:6, 38(2회) 등장하며, 마가복음에는 전혀 사용되지 않았고, 사도행전 20:35에 1회 사용되었다. 이 동사가 사용된 마태복음 6:28과 누가복음 12:27은 평행본문이다. 두 복음서에 사용된 헬라어 동사 '코피아오'는 모두 힘든 육체노동을 의미한다.

헬라어 동사 '코피아오'와 함께 두 복음서에 모두 한글성경에 '길쌈'으로 번역된 헬라어 동사 '네또'가 등장한다. 한글성경에서 이 동사를 '길쌈'으로 번역 했는데, '길쌈'은 명사로 '삼실 따위로 베, 모시 등의 직물을 짜내기까지 손으로 하는 모든 과정의 일을 통틀어 이르는 말'이다. 하지만 헬라어 동사 '네도'는 '길쌈'보다는 옷감을 만들기 위한 육체노동의 한 종류로 '물레질하다'가 더 적절한 번역이다.참조. BDAG, 671 이 당시에는 옷감을 얻기 위하여 먼저 옷감을 만들 실을 만들어야 하는데, 이 과정에는 손으로 하는 고된 육체노동인 물레질을 하는 것이 필요하다. 이 헬라어 동사 '네도'는 신약성경에 오직 마태복음 6:28과 그 평행본문인 누가복음 12:27에만 등장한다. 마태와 누가는 힘든 육체노동을 묘사하면서 '코피아오' 동사를 사용했고, 당시 여인들이 가내수공업으로 옷감의 실을 만들고, 옷감을 짜고, 옷을 만드는 고된 육체노동을 '네도' 동사로 묘사한 것이다.

힘든 육체노동을 의미하는 '코피아오' 동사는 마태복음 11:28에 분사로 사용되었다. 예수께서 마태복음 11:28-30에서 '수고하고 무거운 짐 사람' 을 부르신다. 신약학자들은 마태복음 11:28에서 예수께서 부르신 대상인 '수고하고 무거운 짐 진 사람' 을 아직 예수의 제자가 되지 않은 사람들이며 그들은 바리새인들이 부과한 율법 준수의 짐을 진 사람으로 이해한다.9) 하지만 수고하고 무거운 짐을 진 사람은 당시 일용직 임금 노동자로 짐꾼, 등을 의미하는 것이 분명하다. 놀란드J. Nolland는 '수고하고 무거운 짐진 자' 에 사용된 분사 '코피온테스' 가 '힘든 일을 의미하거나 힘든 일의 결과' 를 의미한다고 말한다.10) 특히 이어지는 본문에서 예수께서 '멍에' 어휘를 비유로 사용하고 있지만, 이 단어의 본래 의미가 수고하고 무거운 짐을 진 가축이나 노예 및 이 일에 종사하는 노동자들의 억압된 노동 상황을 연상하기에 충분하다. 구약성서에서 이 '멍에' 는 자주 억압의 상징으로 사용되었다.참조. 사9:4; 58:6, 렘27-28장11) '코피아오' 동사는 누가복음 5:5에서 어업에 종사하는 노동자들의 육체노동에도 사용되었다. 이 동사가 요한복음 4:6, 8에 사용되었는데, 예수의 여행길이 힘들고 고된 육체노동과 같다는 것을 암시한다.

　　지금까지 살펴본 대로 복음서의 노동 담론은 비록 제한적이지만 '일꾼' , '품꾼' , '삯꾼' , '일' , '수고하다' 라는 단어들을 통해서 읽을 수 있으며 당시 노동 상황을 어느 정도 이해할 수 있다.

---

9) H.N. Ridderbos, 『마태복음』 (상), (서울: 여수룬, 1990), 352; R.T. France, The Gospel according to Matthew: An introduction and Commentary (Leicester:m Inter-Varsity Press, 1985), 200-201 을 보라.

10) J. Nolland, The Gospel of Matthew: A Commentary on the Greek Text (Grand Rapids: Eerdmans, 2005), 475, 각주 95를 보라.

11) France, Matthew, p. 201; Nolland, Matthew, 476-77을 보라.

2. 예수 시대의 다양한 직업

2.1. 고대 유다 사회의 다양한 직업

예수 당시 유다 사회에는 다양한 직업이 있었다. 당시 대부분의 직업은 가정에서 사용하는 용품들을 생산하는 소비재 제조업으로 모직물을 생산하거나 피혁업, 철공업, 도기 제조업, 향유와 기름을 짜는 일이 있었고, 건축업이 활발하여 건축 노동자들이 성을 건축하거나 이와 관련된 일을 하였다. 식료품업에 종사하는 노동자, 의사, 이발사젤 5:1, 환전상, 등이 있었다. 이런 직업은 모두 수공업자로 분류하였다.[12] 하지만 이런 여러 가지 직업들이 복음서에 등장하지는 않는다. 여러 유형의 노동 상황은 지중해를 중심으로 하는 1세기 당시의 사회경제사적인 접근을 필요로 한다.

예수 시대에 유다 사회에서 멸시받는 직업들도 있었다. 유다 사회에서 사회적인 지위를 결정하는 것은 혈통의 순수성이 중요한 역할을 했다. 하지만 직업은 사회적인 지위를 결정하는데 많은 영향을 주었다. 예레미아스J. Jeremias에 따르면 당시 유다 사회에서 천대받은 직업들은 '당나귀몰이꾼, 낙타몰이꾼, 뱃사공, 마부, 목동, 소매상인, 의사, 푸줏간주인' 으로 이들이 멸시받은 이유는 그들의 직업이 사람들을 부정직하게 만들었기 때문이다.[13] 이런 직업은 자기 자식들에게 가르치거나 물려주려고 하지 않았다. 당나귀몰이꾼, 낙타몰이꾼, 뱃사공, 마부는 운송업자들로 기탁된 물건들 가운데 일부를 착복하도록 유혹을 많이 받는 직업이었다. 목동은 당시 좋은 평판을 얻지 못했는데, '이들은 그들의 가축을 남의 땅으로 몰고 다녔을 뿐 아니라, 그 가축에서 나오는 소산을 착

---

12) J. Jeremias, 『예수시대의 예루살렘: 신약성서시대의 사회경제사 연구』, (서울: 한국신학연구소, 1988), 16-36을 참조하라.

13) 이 직업들 가운데 마부, 목동, 소매상인, 의사, 푸줏간주인은 예루살렘에 있었던 직업들이다. Jeremias, 『예수시대의 예루살렘』, 382-83을 참조하라.

복하기도 했다. 따라서 목자들로부터 양모나 우유나 새끼염소를 구입하는 것은 금지되어 있었다.' [14] 소매상인들은 오늘날처럼 자기의 고객들에게 속임수를 쓰도록 유혹을 받았다. 의사도 평판이 좋지 않았는데, 그 이유는 부자는 대우하면서 치료비를 잘 내지 못하는 가난한 사람들은 소홀히 다룬다는 의심을 받고 있었기 때문이다. [15]

또 다른 천대받는 직업으로는 개똥수거자, 구리대장장이, 무두장이로 이런 일들은 직업과 관련된 악취 때문에 혐오감을 일으켰다. 예레미아스는 그 외에 천대받는 직업으로 금세공, 아마빗제조자, 절구석공, 행상인, 직조인, 이발사, 발래꾼, 사혈시술자, 목욕탕관리인, 투전꾼, 고리대금업자, 비둘기경주자, 휴경년의 과일장수, 세금징수관리, 세리 등을 소개한다. 특히 투전꾼, 고리대금업자, 비둘기경주자, 휴경년의 과일장수, 세금징수관리, 세리는 매우 큰 결함을 갖고 있다는 것을 의심해서 극심한 천대와 증오를 받았다. 투전꾼, 고리대금업자, 비둘기경주자와 휴경년의 과일장수는 사실상 유명한 사기꾼들이었고, 세금징수관리와 세리는 자신의 직위를 이용해서 부당한 부를 증식하는데 자신들의 직업을 남용하였다. [16]

2.2. 복음서의 다양한 직업

복음서에 앞에서 언급한 다양한 직업이 얼마나 나타나고 있는지 살펴보자. 다양한 직업은 당시의 여러 가지 노동 상황을 어느 정도 반영하고 있다. 복음서에서 다양한 직업을 찾을 수 있다면 그 직업에 따른 당시의 노동현실을 어느 정도 가늠해 볼 수 있을 것이다.

---

14) Jeremias, 『예수시대의 예루살렘』, 384-85.

15) Jeremias, 『예수시대의 예루살렘』, 385를 참조하라.

16) Jeremias, 『예수시대의 예루살렘』, 382-392를 참조하라.

2.2.1. 군인

복음서에 빠짐없이 등장하는 직업 가운데 하나가 군인이다. 군인은 대부분 로마 총독의 군대마 27:2, 36, 54, 65-66; 28:11; 행 21:31-38; 22:23-30와 헤롯 왕의 군인들마 2:16; 14:10; 막 6:27이다. 예수 시대에 빌라도는 실제로 로마의 통수권을 집행하는 일을 담당했다. 당시 로마의 군인들은 아마도 거주민들 가운데 발생하는 소요사건을 저지하는 역할과 임무를 맡았을 것이다. 복음서에 예수를 처형한 후에 처형당한 사람을 지키는 임무도 군인들이 맡았다 마 27:36, 54, 65, 66; 28:11 헤롯 왕의 군인들은 마태의 기록에 의하면 잔인한 유아살해를 집행했던 것으로 암시되고 있다.마 2:16 세례자 요한의 처형도 군인들에 의해서 집행되었을 것으로 추정할 수 있다.막 6:17, 27 로마 총독의 군대와 헤롯 왕의 군대는 로마인들로 구성되었다. 하지만 유대인들로 구성된 대제사장들이 관리하는 성전경비병들도 있었다. 이들은 성전을 보호하고 지키며, 소요사태가 발생했을 때 이를 제압하는 일을 수행하는 직업이었다.마 26:47, 58; 막 14:54; 요 18:1817)

2.2.2. 농업 노동자

예수 시대 일반 사람들은 거의 대부분 농업에 종사하며 살았다. 예수 시대에 농업 노동은 당시 모든 노동의 전형으로 간주되었다. 농업에 종사하는 사람들 가운데는 종들과 삯꾼, 소작인, 등이 있었다. 복음서에서 농업에 종사하는 사람들의 노동은 자주 대지주의 관점에서 기술된다. 농업 노동자들은 의존적인 상황 속에서 자신의 삶을 영위해야만 했다. 복음서에 언급된 고용주나 대지주는 농업 노동자들에게 돈을 빌려주고 채무관계를 통해서 권력을 행사하기도

---

17) L. Schottroff, '착취당하는 민중과 노동', 272-76를 보라.

했으며^{마18:23-35}, 일용직 노동자들에게 일거리를 제공하고^{마20:1-16}, 자신들의 토지를 빌려주어 소작인에게 땅을 경작케 하기도 하였다.^{마21:33-41} 대지주들은 노예를 소유하기도 하였고^{마13:27; 24:45; 25:14}, 노예관리인을 고용하는 부자들도 있었다.^{마24:45; 눅16:1} 대지주들은 땅을 소유한 것으로 이미 부를 획득했고, 넓은 땅을 경작하기 위하여 많은 일꾼들이 필요했지만, 많은 소득을 올리려고 적은 노동력을 사용한 사람들도 있었다.^{마9:37-38; 눅10:2[8)}

예수 당시 대지주는 고용된 일용직 농업노동자들에게 주인 노릇을 하는 사람들이었다. 당시 농업 노동자들이 대지주와 종속적인 관계를 형성했다는 것은 그들이 하나의 도구에 불과한 취급을 받았음을 암시한다. 많은 토지를 소유한 대지주가 직접 농사를 지은 경우는 매우 드물었던 것을 짐작할 수 있다.^{마13:24, 27; 21:33} 당시 대지주들은 고용된 일용직 농업 노동자들을 종속적인 관계 속에서 이해했기 때문에 그들을 하나의 인격체로 볼 수 없게 만들었다. 복음서의 기록에 의하면 씨 뿌리는 사람은 씨를 뿌릴 뿐이며^{마13:30}, 그 이상의 것은 아무것도 말하지 않는다. 씨 뿌리는 사람이 일용직 임금 노동자인지, 소작인인지, 종인지에 대해서 복음서 저자는 관심이 없다.[19) 결국 복음서에서 농업 노동자들은 대지주의 관점에서 기술되었다.

2.2.3. 상업 노동자

복음서에 다양한 상인들이 등장한다. 이들 상인들은 대부분 성전과 관계가 있다.^{마21:12} 상인들 가운데 비둘기를 파는 사람^{마21:12, 요2:14, 16}, 크고 작은 짐승들을 파는 가축상인들^{요2:14-16; 마10:29}, 환전상^{마14:12; 막11:15; 요2:15}, 성전세 거두는 사람^{마17:24}, 화폐대부업자^{마25:27}, 빵음식을 파는 사람^{요4:8, 6:5, 막6:36, 마}

---

18) E.W. Stegemann and W. Stegemann, 『초기 그리스도교의 사회사』, 62-65, 84-88을 참조하라.

19) Schottroff, '착취당하는 민중과 노동', 284-88을 참조하라.

14:15, 기름을 파는 상인마25:9, 토기장이마27:7, 10, 목수마13:55, 막6:3, 집 짓는 사람마21:42, 등이 등장한다.[20] 이들은 당시 직업 분류에 의하면 수공업자들이다. 이 부류에는 의사들도 포함되었다.마9:12[21] 이외에 상업 노동자는 아니지만 피리부는 사람마9:23, 그리고 도둑마6:19; 12:29; 24:43, 강도마26:55; 27:38, 거지들이 있었다.[22]

2.2.4. 어업 노동자

복음서에 빠짐없이 등장하는 노동자 가운데 하나는 어업에 종사하는 어부들이다. 마태복음의 기록을 보면 세베데는 고기 잡는 일에 독립적으로 종사했던 사람임을 알 수 있다.마4:21-22 예수의 제자 중에 상당수가 어업에 종사했던 어업 노동자들임을 알 수 있다.마4:18-22; 요21:2-3 당시 어업 권한을 지닌 사람만이 배와 그물을 갖고 고기를 잡을 수 있었다. 하지만 누가 어업 권한을 부여했는지는 분명하지 않다. 일반적으로 로마의 영토, 하천, 바다, 호수에서는 어업 권한은 국가가 소유하고 있었다. 당시 어부들의 노동은 그물을 끌어올리며 고기를 잡는 일과 그물을 던지는 투망노동마4:18, 잡아 올린 고기를 분류하는 노동요21:11, 그물을 수선하는 일마4:21, 등에 종사하였다.

---

20) Schottroff, '착취당하는 민중과 노동', 276-84를 참조하라.

21) Jeremias, 『예수시대의 예루살렘』, 34-35, 383-85를 참조하라.

22) E.W. Stegemann and W. Stegemann, 『초기 그리스도교의 사회사』, 69-83을 참조하라.

2.2.5. 목축업 노동자

목축업 노동자들은 대부분 양들을 돌보는 목자들이다. 이들 가운데 자기 양을 돌보는 경우도 있지만 때때로 많은 양을 소유한 부자는 삯꾼을 고용하여 양들을 돌보게 하였다. 요 10:12-13; 마 18:12-13 많은 경우에 목자들은 가축 주인의 종이나 일용직 임금 노동자로 노동했으며, 밭에서 일하는 일용직 노동자들보다 물질적 대우를 받지 못했다. 돼지를 기르는 사람마 8:28-34도 있었으나 미쉬나 Mishnah에 의하면 유대인들은 돼지사육이 금지되었다.[23]

2.2.6. 여성 노동자

당시 여성 노동자들은 가사를 책임지고 있었을 뿐 아니라, 길쌈과 같은 가내 수공업에 종사하거나, 기름을 짜고, 보리나 밀을 찧고, 빵을 구워내는 일을 맡았다. 마태복음 24:41은 두 여인이 맷돌로 곡식을 갈고 있는 것을 묘사한다. 또한 마태복음 13:33은 한 여인이 누룩을 넣어 빵을 굽는 것을 묘사하고 있다. 밭에서 일하는 남자들의 노동도 힘들지만, 여성들의 힘든 육체노동은 더욱 고된 노동이었다. 하지만 당시 사회에서 여성노동은 노동으로 인정받기 어려웠다.[24]

지금까지 살펴본 대로 복음서에 기록된 직업은 매우 다양했던 것을 알 수 있다. (1)예수의 수난사건과 관련해서 빠짐없이 등장하는 직업은 군인이었다. (2)당시 토지를 소유하지 못한 일반인들의 노동은 대부분 일용직 농업 노동자로 살아가는 것이었다. (3)성전을 중심으로 살아가던 당시에 상업 노동자들이 성

---

23) Schottroff, '착취당하는 민중과 노동', 299-301을 참조하라.

24) E.W. Stegemann and W. Stegemann, 『초기 그리스도교의 사회사』, 121-23을 참조하라.

전 주변에서 여러 가지 상업노동에 종사하고 있었다. (4)예수의 열두 제자들에게 볼 수 있듯이 어업 노동자들이 있었다. (5)마지막으로 예수의 비유 속에서 등장하는 목축업 노동자들과 (6)여성 노동자들의 고된 노동이 있었다.

3. 복음서의 노동 현실

복음서는 당시 노동현장을 보여주는가? 앞에서 살펴본 다양한 직업을 통해서 당시 여러 종류의 직업에서 육체노동을 하는 사람들에게 피할 수 없는 몇 가지 불안한 현실이 존재하는 것을 짐작할 수 있다.

3.1. 최저생계비에 대한 불안

복음서의 기록에 의하면 예수 당시 농업 노동자들은 씨를 뿌리고 수확을 하여 창고에 쌓으면서도 무엇을 먹을지, 무엇을 마실지, 무엇을 입을지 걱정하며 살고 있음을 암시한다.[마6:25-34] 더욱이 마태가 '그러므로 내일 일을 걱정하지 말아라. 내일 걱정은 내일이 맡아서 할 것이다. 한 날의 괴로움은 그 날에 겪는 것으로 족하다.'[마6:34]라고 기록한 것을 고려하면 당시 일반 노동자들의 삶은 최저생계비를 벌기 위해 노동하였으며, 이것을 걱정했던 것을 알 수 있다. 당장 내일을 걱정하기 보다는 오늘의 삶 자체가 괴로움과 불행으로 가득했던 것을 짐작할 수 있다. 농업 노동자들과 그들의 아내와 가족은 내일 일을 걱정하지 않아도 이미 그 날의 고난이 있었다. 예수께서 제자들에게 기도를 가르치시면서 '오늘 우리에게 필요한 양식을 내려 주시고'[마6:11]라고 말했던 것은 대다수의 사람들이 매일 먹을 빵을 걱정해야 하는 상황을 반영한 것으로 이해할 수 있다. 당시 노동자들은 최저생계비를 걱정하며 불안하게 하루를 살았던 것을 알 수 있

다.[25)]

3.2. 실업과 임금체불의 불안

오늘날과 마찬가지로 신약성경 시대의 사람들은 하루를 살아가려면 노동이 필요했다. 이런 노동자는 고용되어 일하기 원하는 일용직 노동자들이 대부분이었다. 마태복음 20:1-16의상황은 실업에 허덕이며 고용되기를 갈망하는 일용직 노동자들의 삶을 부분적으로 묘사한다. 이들에게 일자리는 생계와 직결되었다. 다행히 오전이 아니라 오후 늦게라도 품삯을 받을 수 있는 일용직 임금 노동자로 고용된다면 그것은 행운이었다. 당시 일용직 임금 노동자들은 자신들의 노동의 대가로 품삯을 당당히 요구할 수 있었지만, 실업의 불안으로 자신들이 일한 품삯을 당당히 요구하지 못했고, 주인이 품삯을 주는 대로 받을 수밖에 없었다.[마20:13-15]

실제로 일용직 임금 노동자들 가운데 때때로 품삯을 받지 못하기도 하였다. 왜냐하면 당시 대지주들 가운데는 일을 시키고 그 품삯을 주지 않는 경우도 있었기 때문이다.[약5:4] 당시 밭을 소유한 대지주는 추수를 위하여 일용직 노동자들을 고용했지만 그들에게 품삯을 주지 않았다. 이것은 오늘날 사업주가 근로자에게 임금을 지불하지 않았거나 착취한 것에 해당할 수 있다. 야고보서의 경고는 노동자의 품삯을 착취하고 땅에서 사치와 방종으로 자신만 살찌우는 부자들에게 하나님의 심판이 주어지는 이유를 제공한다. 야고보서는 그런 부자들을 향하여 '불과 같이 여러분의 살을 먹을 것입니다. 여러분은 세상 마지막 날에도 재물을 쌓았습니다.'[약5:3; 참조. 눅12:16-17]라고 선언한다.

---

25) 당시 생계유지를 위한 노동은 경시되었다. E.W. Stegemann and W. Stegemann, 『초기 그리스도교의 사회사』, 56-62, 162-64를 참조하라.

3.3. 소작인의 불안

복음서에서 대지주로서 주인이 언급된 경우는 마태복음 9:37-38과 누가복음 10:1-2 경우와 마가복음 12:1-2참조. 마21:33-46, 눅20:9-19에 언급된 예수의 비유 속에서 등장한다. 이 비유에서 주인은 외국에 살면서 자신의 토지를 임대해 주었거나 한 관리인에게 맡긴 부유한 대토지 소유자라고 볼 수 있다. 이들 대지주들은 장기간 농지에서 떠나 있는 경우가 많았기 때문에 재정 관리인을 두어야 했다. 소작인들의 불안은 역시 실업의 불안과 연결되어 있다. 추수 때에 소출이 풍성하지 않았을 경우 그것이 자연 재해일지라도 그 책임은 고스란히 소작인의 몫이었다. 참조. 막12:2; 마21:34, 41[26]

3.4. 채무의 불안

소출이 적은 소작인이나, 농업 노동자들은 변제 능력을 담보로 돈을 빌렸다. 참조. 눅16:1-13 하지만 당시 채무관계는 변제능력이 없는 채무자의 가족들을 대신 팔아 넘겨야하는 법적인 강제구금의 상태로까지 갔다. 마5:25; 18:30 이런 상황은 채무자가 채무 상환을 위하여 사용할 토지 등의 재산이 없는 경우를 전제로 한다. 마태복음 18:23-34은 채무자가 변제능력이 없으면 강제 구금되는 동시에 가족과 모든 소유를 팔아넘기게 될 수 있다고 말한다. 이 때 필요할 경우 변제를 위하여 고문을 할 수도 있었다.[27]

3.5. 강제노동의 불안

복음서에서 구레네 사람 시몬은 강제노동에 동원된 사람으로 소개한

---

26) E.W. Stegemann and W. Stegemann, 『초기 그리스도교의 사회사』, 88-92를 참조하라.
27) E.W. Stegemann and W. Stegemann, 『초기 그리스도교의 사회사』, 224-27을 참조하라.

다.^{막 15:21} 예루살렘 밖의 밭에서 일하는 농업노동자인 시몬은 로마 군인에 의해서 강제부역에 끌려나와 예수의 십자가를 대신 지고 처형 장소까지 운반하였다.[28] 마태는 시몬이 밭에서 징집되었다는 사실을 생략한다.^{마 27:32} 그렇다면 시몬은 예루살렘에서 살 수 있을 정도로 처지가 좋았던 토지소유자였음에 틀림없다. 하지만 토지를 소유한 것이 곧 잘 산다는 것을 의미하지는 않았다. 당시 일반사람들은 부역으로 강요되는 힘든 노동을 억지로 받아들여야 했다. 마태복음 5:41의 '누가 너더러 억지로 오 리를 가자고 하거든, 십 리를 같이 가 주어라.'는 상황은 분명히 강제노동을 말하는 것으로 보인다. 노예가 아닌 농업노동자들에게 강제노동은 또 다른 일상생활을 위협하는 불안 요소이다.[29]

요약하면, 복음서에 언급된 노동자의 노동현실은 다음 다섯 가지로 요약될 수 있다. (1)최저생계비에 대한 불안, (2)실업과 임금체불의 불안, (3)소작인의 불안, (4)채무의 불안, (5)강제노동의 불안이다.

4. 일하시는 예수

복음서가 예수의 삶을 소개하며 그가 어떻게 이 세상에 성육신하셔서 인간을 구원하셨는가를 자세히 기록한 내용이라면, 그 속에는 일하시는 인간 예수의 삶이 묻어있는 것이 당연하다. 예수께서 인간이 되셔서 이 세상에서 일상의 삶을 유지하기 위하여 노동은 필수이지 선택이 아니었다. 그런 점에서 예수는 다른 사람들과 마찬가지로 일하며 사셨다. 복음서 기자는 예수께서 자신의 직업을 갖고 있으면서 하나님의 구원 사역을 감당하셨다는 것을 분명하게 소개한

---

28) Nolland, Matthew, 1188을 보라.

29) E.W. Stegemann and W. Stegemann, 『초기 그리스도교의 사회사』, 95를 보라.

다.

첫째, 마가는 마가복음 6:1-4에서 예수의 고향 갈릴리 나사렛에서 사람들이 예수를 목수로 이해하고 있는 부분을 소개한다. 마가복음 6:3에 의하면 예수는 '마리아의 아들'로 소개된다. 마가는 예수를 요셉의 아들이 아닌 마리아의 아들로 지칭한다. 예수를 요셉의 아들이 아니라 마리아의 아들로 알고 있는 것은 요셉이 이미 오래 전에 죽었기 때문에 나사렛 사람들에게 예수가 일반적으로 마리아의 아들로 알려져 있었던 것 같다. 마가는 이어서 예수의 직업을 소개하며 '목수' '테크톤'라고 지칭한다. 이것은 신약성경에서 예수의 직업이 목수라고 명시적으로 알려주는 유일한 구절이다. 마태복음 13:55은 마가복음 6:3과 평행구절이지만 예수를 '목수'가 아니라 '목수의 아들'이라고 소개한다. 마가가 예수의 직업을 '목수'라고 소개한 것은 예수께서 아버지 요셉의 사후에 가업을 계승한 것으로 이해한 결과라고 말할 수 있다.

당시 '목수'로 번역된 헬라어 '테크톤'은 나무뿐 아니라 금속이나 돌을 다루는 기술자로서 집을 짓거나 수리하는 일을 의미한다.[30] 예수 당시 목수는 수공업에 종사하는 노동자로 유다 사회에서 좋은 직업이었다. 예수 시대에 전형적인 산업 형태는 수공업이다. 당시 '수공업은 모든 생산 수단의 소유자인 생산자가 이 생산수단들을 제작하고 광범위한 상품 유통 없이 소비자 곧 고객들에게 자기 생산품을 자주적으로 판매하는 기업형태이다.'[31] 탈무드에 언급된 최초의 율법학자들의 직업은 모두 수공업에 해당하는 것으로 재단사, 샌들 제조공, 목수, 제화공, 제혁공, 건축가, 뱃사공이다. 유다 사회에서 이런 종류의 수공업을 아들에게 전수해 주는 것은 장려되었고, '자기 자식에게 수공업을 배워주지

---

30) R.T. France, The Gospel of Mark: A Commentary on the Greek Text (NIGTC; Grand Rapids: Eerdmans, 2002), 243을 참조하라.

31) Jeremias, 『예수시대의 예루살렘』, 15.

않는 사람은 마치 강도질을 가르치는 사람과 같다.'[32]고 하였다.

　마가가 예수의 직업을 목수로 소개하는 것은 당시 예수께서 나사렛 사람들에게 직업상 상당히 잘 알려져 있던 인물이었음을 암시한다. 나사렛 사람들이 예수의 교훈과 행동을 보고 놀란 것은 목수와 같은 육체노동자가 지혜로운 가르침이나 병자를 고치는 놀라운 기적을 행하는 것이 그 직업과 어울리지 않았기 때문이었다.

　둘째, 요한복음에서 예수는 하나님이 오늘도 일하시는 분임을 분명하게 선언하시며 자신도 일하고 있다고 말씀한다. 요5:17 요한복음 5:17에 사용된 헬라어 동사 '에르가조마이'는 '일하다, 노동하다, 무역하다, 투자하다'는 뜻이다. 참조. BDAG, 389 요한복음에 소개된 성육신하신 예수 그리스도는 하나님이시며, 동시에 참된 인간으로 인간적인 삶의 조건 속에서 노동하는 인간으로 사셨다는 것을 분명히 보여준다. 예수께서 '내 아버지께서 이제까지 일하고 계시니, 나도 일한다.' 요5:17라고 말씀하신 것은 예루살렘 베데스다 못 곁에서 38년 된 병자를 말씀으로 고치신 사건 이후에 하신 말씀이다. 이 사건을 행동으로 보여주신 날은 안식일이었다. 요5:9 유대 사회에서 안식일에는 일을 하지 않았다. 모든 노동자들이 쉼을 얻는 날이다. 하지만 예수께서 안식일에 병자를 고치신 것이다. 예수는 안식일에도 일을 하신 것이다. 예수께서 요한복음 5:17에서 말씀하신 일은 분명히 일반적인 노동과는 다른 하나님 나라의 일이다. 그렇다면 예수는 갈릴리 나사렛의 유명한 목수로서 일하시면서 동시에 하나님 나라의 일을 준비한 것으로 이해할 수 있다. 물론 예수는 하나님 나라를 직접적으로 사람들에게 선포하시는 공생애 기간 동안에 자신의 본래 직업인 목수의 일을 한 것 같지는 않다.

---

32) Jeremias, 『예수시대의 예루살렘』, 15.

5. 노동에 대한 예수의 시각

예수는 노동에 대하여 어떤 가치를 부여했는가? 예수는 당시 노동사의 권리를 옹호했는가? 첫째, 예수는 임금노동자들이 고용주에게 품삯을 받는 것이 당연한 권리임을 분명히 선언하셨다.참조. 마 10:10, 눅 10:7 마태는 예수께서 열두 제자를 부르시고 그들을 유대인들에게 파송하시면서, '일꾼이 자기 먹을 것을 얻는 것은 마땅하다.' 마 10:10라고 말씀하신 내용을 소개한다. 이 본문과 평행본문인 누가복음 10:7에서 누가는 '일꾼이 자기 삯을 받는 것은 마땅하다.' 라고 기록하면서 예수께서 노동자의 당연한 권리를 선언하신 것을 소개한다.

예수 시대 노동자들은 자신들의 노동의 대가로 품삯을 당당히 요구할 수 있었지만, 때때로 품삯을 받지 못하는 일이 발생하였다. 왜냐하면 당시 대지주인 부자들 가운데는 일을 시키고 그 품삯을 주지 않는 경우가 있었기 때문이다. 야고보서 5:4은 이런 상황을 분명히 묘사하고 있다. '보십시오, 여러분의 밭에서 곡식을 벤 일꾼들에게 주지 않고 가로챈 품삯이 소리를 지르고 있습니다. 그래서 그 일꾼들의 아우성소리가 전능하신 주님의 귀에 들어갔습니다.' 라고 경고한다. 약 5:4 이런 상황에서 예수는 일용직 노동자들이 그 고용주에게 품삯을 받는 것이 노동자들의 당연한 권리라고 가르치신 것이다.

둘째, 예수께서는 노동하는 자들에게 적절한 휴식이 필요하다는 것을 아시고 쉼을 보장하셨다. 마태복음 11:28-30의 말씀을 노동과 노동자라는 관점에서 해석한다면, 예수는 당시 노동의 굴레와 착취 속에 있는 노동자들에게 참된 자유와 안식을 선포하신 것이다. 마태복음 11:28절의 '수고하며'는 힘든 육체노동을 의미하는 동사 '코피아오'가 사용되었다. 이것은 예수께서 당시 육체노동자의 힘든 고통을 인식하고 있을 분만 아니라, 육체노동자에게 쉼이 절대적으로 필요하다는 것을 의미한다. 하지만 동사 '코피아오'는 육체적인 힘든 노동을 의미하는 것만 아니라, 정신적이며 영적인 수고도 포함하고 있기에 이것은 단순히 노동자들의 쉼을 의미하는 것만은 아니다. 분명한 것은 예수께서 힘든 육체노동을 하거나 정신적이고 영적인 노동을 한 사람들에게 모두 쉼이 필요하다는 것을 인식하시고, 그들이 쉼을 얻을 수 있는 안식으로 초대한 것으로 이해할 수 있다. 마가복음 6:30-32을 보면 예수는 열두 제자들이 음식 먹을 겨를도 없이 일했던 것을 들으시고 그들에게 쉼이 필요함을 권고하셨다. 이 조언을 들은 제자들은 배를 타고 조용한 곳으로 쉼을 얻기 위하여 떠난 것이다.

요약하면, 노동에 대한 예수의 시각은 임금 노동자들이 그 품삯을 받는 것이 그들의 당연한 권리라는 것과 힘든 육체노동이나 정신적이고 영적인 노동을 한 사람들에게 모두 쉼이 필요함을 아시고 그들을 안식으로 초대한 것이다. 이런 점에서 예수는 당시 노동자들의 필요를 아시고 그들에게 필요한 권리, 다시 말해서 그들의 노동의 대가로 당연히 받아야 할 품삯과 노동에 따른 쉼을 역설하시며 노동자들을 옹호하신 것을 짐작할 수 있다.

나가는 말

복음서는 부분적이고 제한적이지만 당시 노동자와 노동 현실을 담고 있는 것을 확인했다. 경제적인 삶이 위협을 받는 불안한 노동 상황 속에서도 예수께서 마태복음 6:33-34과 19:29을 말씀하셨다면, 우리의 신앙이 우리 존재를 변화시키도록 마음과 생각을 변화시켜야 할 것이며, 이것은 노동과 가족관계 그리고 재물에 대한 관계까지도 변화시킬 수 있어야 함을 의미한다. 복음서는 노동이 하나님 나라라는 목표와 공동체의 경제 상황을 위한 것이어야 함을 분명히 가르친다. 미래에 대한 개인적인 불안과 걱정을 위한 노동은 복음서가 가르치는 노동의 원칙이 아니다. 이런 점에서 예수의 제자 됨이 노동을 대신하는 새로운 노동으로 이해되어져야 할 것이다.

4장

바울서신과 더불어 생각하는 노동의 문제

권연경
기독연구원느헤미야 연구위원
숭실대 기독교학과

바울서신과 더불어 생각하는 노동의 문제 권연경

성경의 세계와 우리의 세계

현대의 사회경제적 현상으로서의 노동 문제는 성경을 읽어 깨닫게 된 사안은 아니다. 오히려 노동에 관한 관심은 우리의 현실과 그 현실에서 드러나는 부조리의 산물이다. 대부분은 우리가 "노동"이라는 말을 입에 올리는 것은 그저 노동의 의미를 캐묻고 싶은 지적 욕구 때문이 아니라, 부조리한 우리의 노동 현실을 제대로 바라보고 그 부조리에 대처하는 올바른 방향을 모색하기 위해서다. 그래서 우리는 성경에 눈을 돌린다. 우리 삶과 신앙의 기초인 성경에서 가르침을 얻고, 이 성경으로부터 오늘 우리의 노동 현실에 관한 하나님의 음성을 듣고 싶기 때문이다.

하지만, 안타깝게도 성경의 진술로부터 오늘 우리의 현실로 장소 이동만 하면 되는 그런 편리한 가르침은 존재하지 않는다. 구약이든 신약이든, 성경의 문서들은 각각 그 나름의 독특한 역사적, 문화적 정황의 산물들이다. 물론 그 독특한 정황들은 그 나름의 질문들을 품고 있다. 물론 그 상황은 대개 오늘 우리가 처한 상황과는 아무 상관이 없는 것들이다. 그러기에 성경의 원저자들과 그 본래 독자들/청중들이 서로 묻고 답하는 "그들 나름의" 고민거리들은 오늘 우리가 부여잡고 씨름하는 우리들의 문제들과는 다르다. 갈라디아교회의 할례 문제나 여자가 예배 시 머리에 무언가를 써야 하는지 아닌지의 문제는 오늘 우리에게는 무의미한 물음들이다. 적어도 직접적으로는 그렇다. 그것은 "그들"만의 문제이지 우리들의 문제는 아니기 때문이다. 그리고 오늘 우리에게 중요한 여러 삶의 문제들에 대해서 성경은 침묵한다. 성경의 저자와 독자들에겐 그런 문제란 존재하지 않았거나 관심의 대상이 아니었기 때문이다.

그렇다면 성경이 오늘 우리의 삶에 무슨 의미가 있을 것인가? 오늘 우리의 삶과 무관한 문제를 묻고 답하는 성경이 우리를 위한 하나님의 말씀이 될 수 있을 것인가? 혹은 우리가 묻고 답하고자 하는 문제에는 관심이 없는 성경이 어떻게 우리 삶을 위한 지침이 될 수 있을 것인가? 가령, 우리의 주제인 "노동" 혹은 "일"은 우리 삶의 한 중요한 축을 차지한다. 하루의 시간으로 따지자면, 우리 삶의 가장 중요한 영역이라고 말할 수도 있다. 그래서 우리는 이 중요한 문제에 대해 성경으로부터 모종의 답을 기대한다. 이것이 가능한 일일까? 성경으로부터 우리의 삶을 위한 지침을 발견하기 위해서는 역사적, 문화적 격차를 넘어 성경과 우리의 현실을 연결하기 위한 "해석학적 다리 놓기"의 과정이 필요하다. 일차적으로 우리와 상관없는 이야기들을 가져다가 오늘 우리의 문제와 상관있는 이야기들로 만들어야 하기 때문이다.[1]

다리 놓기의 한 차원은 우리가 다루고자 하는 관심사를 구체적으로 정의하는 것이다. "일"work이라는 단어 대신 "노동"labor이라는 단어를 사용할 때 우리가 의도하는 바는 무엇인가? 또 노동이라고 할 때, 우리는 일 혹은 노동 자체의

---

1) Richard Hays, The Moral Vision of the New Testament. 유승원 역, 『신약의 윤리적 비전』(서울: IVP, 2006)에서 이러한 다리 놓기에 관한 유익한 논의를 찾아볼 수 있다.

본질에 관해 묻는 것인가 아니면 그 노동과 관련하여 생겨나는 사회경제적 문제점들 혹은 "위기"에 관해 묻는 것인가? 또 우리가 일 혹은 노동의 위기에 관심이 있다면, 이는 어떤 특정한 현상과 관련된 것인가 혹은 다양한 형태의 위기를 포괄하는 것인가? 우리에게는 아동 노동, 실업, 다양한 형태의 차별정규직, 비정규직, 성차별, 학벌 차별 등, 노동 현장의 비인간적 조건들, 다양한 형태의 착취갑을관계, 환경적 위기 등 노동과 관련된 다양한 문제들이 존재한다. 물론 이런 "위기들"에는 그 나름의 이유가 있을 것이다. "인간적" 요인도 있을 것이며, 더 넓은 의미에서 "구조적" 요인도 있을 것이고, 과학기술의 발전과 산업환경의 변화로 인한 "기술적" 요인들도 있을 것이다.[2]

우리의 이야기가 구체적이 되려면, 이런 물음들에 대해 우리가 매우 분명한 생각을 갖고 있어야 할 것이다.

다리 놓기의 또 한 축은 성경의 상황 자체를 정확하게 이해하는 것이다. 물론 성경의 상황을 이해하는 일은 오늘 우리들의 세계로부터 잠시 시선을 거둘 것을 요구한다. 오늘 우리가 가진 절박한 필요를 잠시 괄호 안에 넣어 두고, 성경 자체의 정황으로 들어가는 것이다. 이번의 연속 강의 성서학 발제자들이 공통으로 느끼는 사실이지만, 성경에서 우리가 가장 먼저 확인하는 사실 중 하나는, 성경이 우리가 붙들고 씨름하는 그런 형태의 노동 문제에 대해 구체적인 해답을 제시하지 않는다는 것이다. 이는 본 발제자가 맡은 바울서신도 마찬가지다. 한 마디로 신약성경은 우리가 생각하는 그런 방식의 "노동 문제"에는 아무런 관심이 없다. 애초에 그런 "노동 문제"가 존재하지 않았기 때문일 수도 있고, 유사한 문제가 존재했더라도 그 문제에 접근하는 태도가 전혀 달랐기 때문일 수도 있다. 어느 쪽이든, 신약으로부터 우리가 고민하는 노동 문제에 대한 "직접

---

2) 이 단락의 "위기" 및 그 구체적 항목들은 Moroslav Volf, Work in the Spirit: Toward a Theology of Work (Oxford: OUP, 1991), 35-45에서 빌려온 것이다.

적인" 해답을 찾는 것은 불가능해 보인다. 우리가 기대할 수 있는 것은 우리와 는 전혀 다른 사회, 경제적 상황에 부닥친 그리스도인 공동체를 향한 그들 나름 의 권고들, 그리고 거기서 드러나는 보다 근본적인 삶의 원리들이다. 우리가 굳 이 우리의 물음에 대한 답을 끌어내려면, 이는 아마 이런 보다 근본적인 삶의 원 리 차원에서 이루어져야 할 것이다. 그리고 우리는 이 일반적인 삶의 원리들을 기초로 오늘날 우리가 직면하는 노동의 문제들을 바라볼 수 있을 것이다.

바울서신과 노동?

우리가 다룰 주 본문은 바울서신이다. 신약에 포함된 바울의 13개의 편지 는 모두 그 나름의 특수한 정황에서 기록된 것들이다. 그러기에 이들 편지에는 각각 제 나름의 독특한 사연들이 담겨있다. 충분히 예상할 수 있는 일이지만, 이처럼 제 나름의 특수한 사연들을 담고 있는 편지들에서 우리가 궁금해하는 물 음들에 대한 답을 기대하기란 어려운 일이다. 우리는 바울로부터 "노동"에 관 한 멋진 가르침을 받고 싶지만, 이 편지들에서 바울이 골몰하는 문제는 그와는 아무 상관이 없는 것들이다. 잘 알려진 것처럼, 바울의 편지들은 대부분 이방 신자들이 다수를 이루는 교회 공동체에 보내진 것이다. 그리고 여기에는 그 공 동체 특유의 관심사들 혹은 문제들이 반영되어 있다. 대부분은, 바울이 선포하 고 다녔던 복음과 관련된 신학적 관심이 중심에 놓이고, 성도들의 삶이 다루어 질 때도 그 관심은 공동체 내의 삶으로 국한된다. 간헐적으로 더 넓은 사회적 문 맥이 거론되는 경우에도, 가르침 대부분은 일반적인 행동의 원칙들을 넘어가 지 않는다. 때로, 특수한 구체적 사례들이 다루어지는 수도 있지만, 안타깝게 도 우리가 관심을 기울이는 "노동" 문제는 한 번도 등장하지 않는다. 가령, 노예들에게 주어진 권고처럼, 설사 노동과 관련된 주제가 논의될 법한 상황에서도 바울의 일차적 관심은 주어진 현실에 대한 분석이나 비판보다는 그런 주어진 현실 속에서 그리스도인들이 어떻게 행동해야 할 것인가 하는 문제에 놓인다. 이것이 우리가 놓인 해석학적 상황이다. "노동"은 이 시대를 살아가는 그리스도인들이 피할 수 없는 삶의 주요한 주제 중 하나다. 더 넓은 의미에서 "일"을 말하건, 더욱 특수한 의미에서 "노동"을 말하건, 이 점은 달라지지 않는다. 하지만 우리가 이 문제에 대해 바울로부터 어떤 구체적인 교훈을 얻을 수 없다.

결국, 노동에 관한 성경적 답변을 추구하는 우리의 사색은 불가불 성경의 침묵이라는 이 자명한 자료로부터 시작할 수밖에 없다. 왜 우리는 우리의 물음에 대한 답을 성경에서부터 얻어낼 수 없을까? 물론 그 답은 성경과 우리가 서로 다른 질문을 제기하고 있다는 뻔한 사실에 있다. 하지만 그런 물음의 차이 배후에는 더 근본적인 관점의 차이도 존재한다고 말할 수 있다. 이 부분을 좀 더 생각해 보자. 오늘날 우리에게 "노동"은 무엇보다 하나의 문제 거리다. 많은 경우 우리가 노동 이야기를 하는 것은 이 노동의 현실에 우리가 바라는 정의와 샬롬이 제대로 드러나지 못하고 있다는 인식 때문이다. 우리는 이 현실을 바꾸고 싶다. 우리가 할 수 있는 한, 이 현실에 영향을 미치고 싶고, 이 현실 속에 성경적 의미에서 정의와 샬롬을 구현하고 싶다. 여기에는 우리가 이 현실을 바꿀 수 있다는 현실적 가능성에 대한 자신감도 있고, 우리가 우리의 현실에 책임을 진 존재라는 그런 관점도 전제되어 있다.

그런데 바로 이 관점에서 성경바울은 다소 다른 태도를 보이는 것처럼 보인다. 가령 당시 사회에서 가장 부조리한 구조 중 하나로서, 지금 우리가 묻고 있는 노동 문제와 가장 관련이 깊다고 할 수 있는 노예제도를 생각해 보자. 당시의 노예제도는 매우 비인간적이었고, 당시 그리스-로마 세계의 시민이었던 바울이 이를 몰랐을 리 없다. 또한, 그는 믿음과 은혜의 복음이 종과 자유인의 신분적 차이를 근원적으로 무효화한다는 사실도 깊이 인식하고 있다.고전7:21-23; 갈3:26-28; 엡6:9 이렇게 보면 바울의 복음은 잠재적으로 매우 혁명적인 논리를 그 속에 감추고 있다. 유대기독교적 유일신 사상이 당시의 다신론적 세계관에 도전장을 내밀며, 대결을 벌였던 것처럼 말이다.살전1:9-10 하지만 실제 바울의 사역 속에서 이 잠재적 "혁명성"이 실제 사회 구조 비판이나 변혁에의 논리로 이행했던 것은 아니다. 바울은 지금이 "이 악한 세대"라는 사실을 절감하던 사람이지만갈1:4, 그의 관심은 우리가 이 악한 세대로부터 "건짐"을 받는 것, 그리고 이 세대의 삶의 양식으로부터 결별한 신자들의 공동체를 건설하는 것이지갈1:4; 롬12:2, 이 악한 세대 자체를 비판하고 변혁하는 것은 아니었다. 바울은 이 악한 세대의 구조가 "사라질" 것으로 생각했다.고전7:31 그래서 바울은 이 사라질 세상의 구조를 바꾸려고 시도하지 말고, 어떤 면에서는 그 구조 자체에 큰 의미를 부여하지 말라고 권고한다. 어차피 사라질 구조 속에서 이리저리 자리바꿈을 하는 것은 무의미하다. 현실적으로 이는 "있는 그대로 지내라"라는 권고, 곧 악한 구조에 대응하고 맞서기보다는 악한 구조 자체에 순응하는 것으로 보이는 그런 태도에 가깝다.고전7:17, 24 물론 바울의 이런 태도는 현재의 노예제도를 인정하는 것과는 거리가 멀다. 아마 그가 영국의 윌버포스와 같은 상황에 있었다면, 그는 이런 제도의 폐지를 위해 땀을 흘렸을 것이다. 하지만 그는 이 구조를 변화시킬 수 있다고 생각하지도 않았고, 또 실제 그럴 수 있는 위치에 있지도 않았다.[3] 우리는 이 차이를 무시할 수 없다.

바울이 보기에, 그리스도인들에게 요구되는 태도는 이 사라질 악한 구조

---

3) 우리는 문화 "변혁"에 관해 말하지만, 오래전부터 나는 이것처럼 비현실적인 발상은 없다는 의심을 품고 있었다. 교회 자체가 세속의 흐름에 속수무책인 상황에 세속 문화를 "변혁"하겠다는 발상은 어디서 나온 것일까? 오히려 세속으로부터 자유로운 새로운 문화의 "공간"을 창조하는 것이 더욱 지혜로운 발상이 아닌가? 앤디 크라우치, 박지은 역, 『컬처 메이킹』(서울: IVP, 2009) 참조.

속에서 그리스도인다운 모습을 유지하면서, 최선을 다해 선한 일을 행하는 삶을 사는 것이다. 그러기에 종은 오히려 이전보다 더 성실한 모습으로, 인간이 아니라 마치 그리스도를 섬기듯, 주인을 섬겨야 한다.엡6:5-7; 골3:22-23 인간 주인을 주님으로 높인다는 의미에서가 아니라, 종들의 삶 자체가 주님을 섬기는 삶이며, 어떻게 행동하든 그 행동에 따른 결과를 주님께로부터 받을 것을 알기 때문이다.엡6:8; 골3:24-25 마찬가지로 주인도 종들에게 "이와 같이 하라"는 권고를 받는다. 폭력과 협박으로 이루어지는 통상적 주종관계를 넘어, 같은 그리스도인을 대하듯 그렇게 종들에게 대하라는 이야기다. 이는 그들에게도 상전이 있기 때문이고골4:1, 모든 사람을 심판하실 하나님은 주인과 종이라는 "외적인 조건"외모을 따지는 분이 아니기 때문이다.엡6:9

바울의 해법과 우리의 상황

그러면 우리는 바울의 이런 "해법"을 어떻게 적용할 수 있을까? 바울이 노예제도 폐지에 무관심했기 때문에 우리도 같은 입장을 견지할 수 있다고 말할 수 있을까? 가령 예전 노예제도 찬성론자들이 내세웠던 논리처럼, 바울의 이런 "순응주의적" 태도를 열악한 노동 현실에 물음을 제기하고 그 현실을 개혁하려는 노력에 비성경적 태도의 낙인을 찍는 근거로 삼을 수 있을까? 하지만 이런 식의 추론은 어딘가 석연찮은 대목이 있다. 바울은 노예제도라는 현실을 인정했지만, 그 제도 자체를 긍정한 것은 아니었다. 오네시모의 경우에서 보듯, 바울의 태도는 그저 노예제도의 긍정이냐 부정이냐 하는 물음과는 다른 관점에서 결정되는 것처럼 보인다. 그는 오네시모를 원래 주인 빌레몬에게 돌려보낸다. 어떤 점에서 이는 기존의 주종관계를 인정하는 행동처럼 보인다. 하지만 그는 빌레몬에게 오네시모를 더는 종이 아닌 형제로 받아달라고 요청한다. 표현 자체는 요청이지만, 사실상 이는 사도로서의 권위를 실은 명령에 가깝다. 이것이 법적 차원에서 주종관계를 청산하라는 의미는 아니었던 깃으로 보인다. 하지만 두 사람의 관계가 기존의 주종관계 패턴을 벗어나야 한다는 요구임에는 틀림이 없다. 제도 자체의 변화에는 관심이 없지만, 우리의 통제력이 미치는 범위 내에서 그리스도인 사이의 실질적 관계를 근본적으로 변혁하는 것이다. 주종관계라는 형식은 그대로 두지만, 그 관계의 패턴 자체를 다르게 생각하는 것이다.

이런 태도를 달라진 상황에 적용하자면 어떻게 될까? 바울이 믿었던 그 복음을 기초로 영국의 정치가 윌버포스는 노예제도 자체의 철폐를 위해 일생을 바쳤다. 그의 행동은 바울이 설정한 한계를 넘어선 것인가? 아니면 바울의 복음을 자신의 상황에 책임 있게 적용한 것인가? 아마 우리 대부분은 후자 쪽이 사실에 가깝다고 생각할 것이다. 같은 복음의 원리이지만, 달라진 사회적, 정치적 환경이 그런 태도의 차이를 가져왔을 가능성이 크다. 하지만 그의 행보가 모든 점에서 수긍이 가는 것은 아니다. 같은 복음적 신념에 근거하여 그는 굴뚝 청소부와 면직물 노동자들의 근로 환경 개선을 위한 법안에 찬성했다. 하지만 그는 또한 노동자들이 노동조합을 결성할 권리를 부인했으며, 노조 활동을 억압하는 법안을 위한 연설을 했고, 노동조합을 "우리 사회의 전염병"이라고 부르기도 했다. 여기에 대한 우리의 판단은 더욱 복잡할 것이다. 복음의 원리를 기초로 자신이 속한 사회의 구체적 현실을 바라보려고 한 것이지만, 18세기 윌버포스의 해법 역시 21세기의 산업사회를 살아가는 우리의 사회경제적 감수성과는 거리가 있다.[4]

성경의 원리적 가르침을 우리 현실에 적용하는 일은 기계적 조작만으로는

---

4) 가트 린 지음, 송준인 옮김, 『신념으로 영국을 바꾼 사람 윌버포스』(서울: 꽃삽: 2007

가능하지 않은 창조적 움직임을 요구한다. 상황 자체가 새로운 것이기 때문이다. 물론 이런 창조적 움직임 속에는 부득불 우리 나름의 주관적 요소가 개입된다. 하지만 그렇다고 이 "창조적" 모험의 위험을 피해갈 수는 없다. 성경의 가르침이 오늘 우리의 삶에 의미가 있다고 믿는 한, 우리는 이 가르침이 우리의 삶에 어떤 소리를 내며 부서질지 궁리할 수밖에 없다. 물론 창조적이기 위해 우리는 주어진 성경의 가르침에 더욱 세심한 주의를 기울여야 할 것이다. 우리의 물음에 대한 답을 억지로 찾아내려는 열심히 아니라 성경 자체의 이야기를 있는 그대로 이해하려는 노력이다. 그리고 그 그림을 기초로 우리에게 주어진 새로운 상황 속에서 창조적 상상력을 발휘하는 것이다. 나는 "노동"에 관한 성경적 가르침을 찾고자 하는 우리의 숙고가 많은 부분 이런 창조적 상상력의 영역에 속한 것으로 생각한다. 주어진 원리에 신실하지만, 또한 새로운 상황만큼이나 과감한 상상력의 발휘가 필요한 것이다.

대박의 꿈과 욕망

위에서 강조한 것처럼, 현대 자본주의 사회에서 생겨나는 문제들에 대한 구체적 해답을 성경에서 찾을 수는 없다. 이는 현대 산업사회, 자본주의 사회가 야기하는 노동 문제의 구체적 양상들에 대해서도 마찬가지다. 하지만 산업기술의 놀라운 발달과 자본주의라는 구체적 삶의 형태는 새로운 것일지 모르지만, 우리는 그 바닥에도 여전히 친숙한 욕망의 조류가 흐르고 있음을 안다. 물론 성경은 이 욕망에 대해 할 말이 많다. 자본주의라는 구조에 기인한 독특한 문제들에 대해서는 할 말이 없지만, 그 구체적 생활 방식을 직조해 내는 인간의 욕망 자체에 대해서는 중요한 메시지를 던진다. 이런 다소 간접적인 방식으로 성경은 오늘 우리의 문제에 말을 건다. 구체적 상황에 대한 답을 주는 것이 아니라, 그 상황 바닥에 자리한 보다 근원적인 관점에 말을 건다는 것이다.

한 가지 예를 들어 보자. 오늘 우리가 살아가는 경제 구조 속에서는 소위 "대박" 현상이 종종 발생한다. 멋진 제품을 출시하거나, 우리 삶의 가려운 구석을 긁어주는 도구를 발명하거나, 매우 유용한 소프트웨어를 개발하거나 기발한 서비스를 고안해 냄으로써 비교적 짧은 시간 안에 엄청난 부를 축적할 수 있다. 혹은 인기 있는 노래를 만들거나 재미있는 책을 쓰는 것도 그런 대박을 터뜨리는 방법의 하나다. 우리는 언론이나 다른 통로를 통해 이런 대박의 사례들을 많이 들어 알고 있다. 그런데 다양한 통로를 통해 사회 전체로 널리 퍼져가는 이런 대박의 사례들은 단순히 하나의 운 좋은 사례로 끝나지 않고, 사회를 바라보는 우리의 사고방식 자체에 영향을 미친다. 이런 대박의 사례들에 관한 이야기가 자주 들릴수록 우리는 알게 모르게 대박을 기대하게 되고, 그러면서 이 대박 현상이 우리가 바라는 상태, 우리가 희망하는 가장 이상적인 상태인 것으로 생각하게 된다. 반대로, 대박이 발생하지 않는 평범한 현실은 일어나야 할 일이 아직 일어나지 않은, 무언가 아쉬운 상태인 것처럼 느껴진다. 대박을 터뜨려 엄청난 돈을 모은 사람이 부러울수록, 평범한 직장인들의 삶은 그만큼 더 초라해진다. 하루하루 열심히 일해서 생계를 유지하는 사람, 성실하게 일하며 소박한 자신의 월급에 만족하며 사는 사람들은 "왠지 인생이 잘 안 풀리는" 사람으로 여겨진다. 어쩌면 이런 관점이 우리가 현대 사회에서 갖게 되는 "자연스러운" 태도일지 모른다. 우리가 보고 듣는 문화적 분위기가 우리 사고를 결정한다.

성경은 우리의 사고가 달라지기를 기대한다. 발상의 전환이 필요하다는 뜻이다. 주변 문화에 의해 형성된 세속적 가치관을 성경적 가르침에 따라 수정하는 작업이다. 그냥 다양하게 존재하는 사람을 두고 우리는 "키"라는 기준을 들이댄다. 그리고 그 수치가 작은 사람에게 "굴욕"이라는 평가를 매긴다. 심지어는 얼굴 크기도 평가 대상이다. 세상이 그렇다. 경쟁이 필요하니 온갖 것들을 경쟁과 평가의 대상으로 부른다. 그리하여 그냥 다름으로 남아야 할 것이 서로를 비교하고 차별하는 "가치"로 유통된다. 하나님 보시기엔 다 "웃기는 장난"들이다. 이런 세상의 장난이 정말 장난으로 보이는 것이 바울이 말한 사고의 변화다.롬 12:2 이 세대를 본받는 대신, 하나님의 뜻과 생각을 알아내고 그것을 따라가는 사고와 삶이다. 복에 대해서도 마찬가지다.

성경의 "복": 자기 손으로 일한 만큼 먹는 삶

하지만 성경은 이런 관점에 문제를 제기한다. 우리는 "대박"을 "하나님의 축복"이라 부르고, 대박이 없는 평범한 인생을 "참 안 풀리는" 인생이라 평가하고 싶지만, 성경은 오히려 우리의 이런 복 개념을 뒤집는다. 구약성경에 자주 등장하는 표현처럼, 하나님의 백성들이 고대하던 가장 복되고 이상적인 것으로 그리는 삶은 "제 손이 수고한 대로 먹는" 그런 삶이다. 이 부분에 대해서는 이전의 책 『네가 읽는 것을 깨닫느뇨?』서울: SFC, 2008에서 잠시 다룬 적이 있다.

> 주님을 경외하며,
>
> 주님의 명에 따라 사는 사람은
>
> 그 어느 누구나 복을 받는다.
>
> **네 손으로 일한 만큼 네가 먹으니,**
>
> 이것이 복이요, 은혜이다. 새번역 시 128:1-2

이 시편의 구절은 어쩌다 생각해 낸 기발한 문구 중 하나가 아니다. 오히려 이는 하나님의 백성 이스라엘의 마음속에 가장 뿌리 깊이 자리한 신념 중 하나다. 이스라엘이 가나안 입성을 앞둔 시점에서 모세는 장차 가나안 땅에서 살게 될 이스라엘에게 훈계하며 그들에게 언약의 복과 저주를 선포한다. 하나님이 주실 땅에서 그들이 하나님께 순종하면,

> 주님께서는 당신들에게 주시겠다고 당신들의 조상에게 약속하신 이 땅에서,
> 당신들 몸의 소생과 가축의 새끼와 땅의 소출이 풍성하도록 해 주실 것입니다.
> 주님께서 그 풍성한 보물창고 하늘을 여시고,
> 철을 따라서 당신들 밭에 비를 내려 주시고
> 당신들이 하는 모든 일에 복을 주실 것입니다. 새번역 신28:11-12

반면, 그들이 하나님께 순종하지 못할 때는 언약의 저주가 그들에게 임할 것이다.

> 집을 지어도 그 집에서 살지 못하며,
> 포도원을 가꾸어도 그것을 따먹지 못할 것입니다.
> ……
> 당신들의 땅에서 거둔 곡식과 당신들의 노력으로 얻은 모든 것을
> 당신들이 알지 못하는 백성이 다 먹을 것입니다.
> ………
> 당신들이 밭에 많은 씨앗을 뿌려도,
> 메뚜기가 먹어 버려서 거둘 것이 적을 것이며,

당신들이 포도를 심고 가꾸어도, 벌레가 갉아먹어서 포도도 따지 못하고
포도주도 마시지 못할 것이며 ... 새번역 신28:30, 33, 38-39

같은 말씀이 레위기에서도 이미 주어진 바 있다. 이스라엘이 하나님의 계명에 순종할 때, 그들의 농사가 순조로울 것이라 약속하신다.

내가 너희에게 철따라 비를 주리니 땅은 그 산물을 내고 밭의 나무는 열매를 맺으리라. 너희 타작은 포도 딸 때까지 미치며 너희의 포도 따는 것은 파종할 때까지 미치리니, 너희가 음식을 배불리 먹고 너희의 땅에 안전하게 거주하리라. 레26:4-5, 5)
너희는 오래 두었던 묵은 곡식을 먹다가 새 곡식으로 말미암아 묵은 곡식을 치우게 될 것이며 레26:10

반면, 하나님의 계명을 지키지 않을 때는 반대의 상황에 직면할 것이다.

너희가 파종한 것은 헛되리니 너희의 대적이 그것을 먹을 것임이며… 내가 너희의 세력으로 말미암은 교만을 꺾고 너희의 하늘을 철과 같게 하며 너희 땅을 놋과 같게 하리니 너희의 수고가 헛될지라. 땅은 그 산물을 내지 아니하고 땅의 나무는 그 열매를 맺지 아니하리라 레26:16, 19-20

그들이 끝내 하나님께 돌아오지 않을 경우, 하나님은 거기 거주하는 이들이 놀랄 정도로 그 땅을 황폐하게 하실 것이다. 레26:32 "너희의 땅이 황무하며 너

---

5) 성경 인용은 따로 표시되지 않은 경우 개역 개정에서 가져온 것이다.

희의 성읍이 황폐하리라."레26:33

가나안을 바라보던 광야 이스라엘에게 주어진 이런 약속과 경고는 가나안 정착 이후 실제 현실이 되어 나타난다. 하나님께 순종하지 않는 이스라엘, 그리고 그런 하나님의 백성에게 내리는 선지자들의 경고에는 같은 말씀이 반복해서 나타난다. 기록을 남긴 최초의 선지자라 할 수 있는 아모스는 범죄한 북왕국 이스라엘을 향해 하나님의 심판을 선포한다. 이 심판의 대상은 "힘없는 자를 밟고 그에게서 밀의 부당한 세를 거둔" 사람들암5:11 상, 그리고 "의인을 학대하며 뇌물을 받고 성문에서 가난한 자를 억울하게 하는" 사람들이다.암5:12 더불어 살아가야 할 이웃을 사랑하기는커녕, 더 많은 재물을 향한 이기적 욕망을 충족하기 위해 연약한 자들을 압제하는 이들에게는 엄중한 심판의 선고가 내려진다.

너희가 비록 다듬은 돌로 집을 건축하였으나

거기 거주하지 못할 것이요

아름다운 포도원을 가꾸었으나

그 포도주를 마시지 못하리라암5:11

하지만 범죄에 대한 처벌이 다하고, 하나님께서는 다시 이스라엘을 그 본래의 모습으로 회복하실 것이다.

그들이 황폐한 성읍을 건축하여 거주하며

포도원들을 가꾸고 그 포도주를 마시며

과원들을 만들고 그 열매를 먹으리라암9:14

이사야에도 마찬가지의 그림이 그려진다. 유명한 "포도원의 노래"에서 하나님은 공평 대신 포학을 일삼고, 의로움 대신 압제로 인한 외침을 만들어 내는 이스라엘에게 심판을 선고한다.사5:7 이들이 저지른 잘못의 핵심은 그들이 "가옥에 가옥을 이으며 전토에 전토를 더하여 빈틈이 없도록 하고 이 땅 가운데에서 홀로 거주하려" 한다는 것이었다.사5:8 하지만 하나님 앞에서 끝없는 욕망에 이끌리는 이런 포학과 압제의 시도는 오래가지 못한다.

> 만군의 여호와께서 내 귀에 말씀하시되
> 정녕히 허다한 가옥이 황폐하리니
> 크고 아름다울지라도 거주할 자가 없을 것이며사5:9

물론 이사야에서도 회복의 소망이 그려진다. 언젠가 하나님은 "새 하늘과 새 땅"을 창조하실 것이며, 이때 그는 예루살렘을 "기쁨"으로, 그 백성을 "기쁨"으로 창조하실 것이다.

> 그들이 가옥을 건축하고 그 안에 살겠고
> 포도나무를 심고 그 열매를 먹을 것이며,
> 그들이 건축한 데 타인이 살지 아니할 것이며
> 그들이 심은 것을 타인이 먹지 아니하리니사65:21-22상

한 마디로 이처럼 회복된 세계에서 살아가는 여호와의 복된 자손들의 삶이란 이렇다.

내가 택한 자가 그 손으로 수고한[=노동한] 것을 길이 누릴 것이며

그들의 수고가 헛되지 않겠고

그들이 생산한 것이 재난을 당하지 않을 것이다. 사65:22후-23상

스바냐에서도 하나님이 우리 삶에 간섭하지 않을 것처럼 생각하는 자들에게 같은 심판에 선고되는 것을 본다. 습1:12

그들은 재산을 빼앗기고 집도 헐릴 것이다.

그들은 집을 지으나

거기에서 살지 못할 것이며,

포도원을 가꾸나

포도주를 마시지 못할 것이다. 새번역습1:13

타인의 수고에 기생하기

이처럼 하나님의 백성 이스라엘의 영적 상상력 속에서 행복한 삶의 전형적 모습은 자기가 지은 집에 자기가 살고, 자기가 심은 포도를 자기가 따먹는 그런 삶이다. 원리적으로 표현하자면, "자기 손이 수고한 대로 먹는" 그런 삶이다. 물론 이 원리는 처한 상황에 따라 두 가지 방향으로 적용될 수 있다. 더 많은 권력 혹은 영향력을 가진 사람들에게는 자기 손이 수고한 것 이상을 가지려는 욕망에 대한 경고가 될 것이며, 가진 것이 적거나 없는 사람들에게는 수고한 것이 없이 남의 것을 먹으려는 게으르고 무책임한 태도에 대한 경고가 될 것이다. 재미있게도 바울서신, 특히 초기 서신에 속하는 데살로니가 서신들에는 이 두 번

째 상황에 대한 경고가 자주 등장한다.

> 그리고 우리가 여러분에게 명령한 대로, 조용하게 살기를 힘쓰고, 자기 일에
> 전념하고, 자기 손으로 일을 하십시오. 그리하여 여러분은 바깥 사람을 대하여
> 품위 있게 살아가야 하고, 또 아무에게도 신세를 지는 일이 없도록 해야 할 것
> 입니다. 새번역 살전 4:11-12

데살로니가후서가 기록될 무렵에는 이 점에 있어 보다 구체적인 문제들이
교회 내에 생겨났던 것으로 보인다.

> 형제자매 여러분, 우리는 주 예수 그리스도의 이름으로 여러분에게 명령합니
> 다. 무절제하게 살고 우리에게서 받은 전통을 따르지 않는 모든 신도들을 멀리
> 하십시오. 우리를 어떻게 본받아야 하는지를 여러분이 잘 알고 있습니다. 우리
> 는 여러분 가운데서 무절제한 생활을 한 일이 없습니다. 새번역 살후 3:6-7

자기 손으로 일하려 들지 않는 사람들과 교제를 끊으라는 극단적 처방까
지 제시된 것을 보면, 교인 중 이처럼 "놀고먹으려는" 사람들이 다른 성도들에
게 적지 않은 부담으로 작용했던 것으로 보인다. 적어도 바울은 이를 매우 심각
한 잘못으로 받아들인다. 구체적 상황은 알기 어렵지만, 아마 이들은 그 나름의
신앙적 논리에 호소했을 가능성이 크다. 이런 사람들은 요즘에도 비일비재하다 바울이 자
신의 사례를 상기시키는 것도 그들의 엉터리 논리를 배격하려는 의도였을 것이
다.

우리는 아무에게도 양식을 거저 얻어먹은 일이 없고, 도리어 여러분 가운데서 어느 누구에게도 짐이 되지 않으려고, 수고하고 고생하면서 밤낮으로 일하였습니다. 그것은 우리에게 권리가 없어서가 아니라, 우리가 여러분에게 본을 보여서 여러분으로 하여금 우리를 본받게 하려는 것입니다. 새번역 살후 3:8-9

이는 바울이 데살로니가전서에서도 이미 강조한 바 있다.

형제 자매 여러분, 여러분은 우리의 수고와 고생을 기억하고 있을 것입니다. 우리는 여러분 가운데 아무에게도 폐를 끼치지 아니하려고, 밤낮으로 일을 하면서 하나님의 복음을 여러분에게 전파하였습니다. 새번역 살전 2:9

사실 바울은 사도로서 그들의 후원을 요구할 권리가 있었다. 하지만 바울은 의도적으로 이 권리를 포기하였다. 성도들의 후원에 의존할 경우, 그것을 빌미로 무위도식하려는 사람이 있을 수 있다는 우려였을 것이다. 오히려 바울은 성도들에게 모범을 보이기 위해 몸소 "수고하고[=노동하고] 고생하면서 밤낮으로 일을 하였다." 자신의 사례를 새삼 상기시킨 후 바울은 다시 성도들에게 권고한다.

우리가 여러분과 함께 있을 때에 "일하기를 싫어하는 사람은 먹지도 말라" 하고 거듭 명하였습니다. 그런데 우리가 들으니, 여러분 가운데는 무절제하게 살면서, 일은 하지 않고, 일을 만들기만 하는 사람이 더러 있다고 합니다. 이런 사람들에게, 우리 주 예수 그리스도 안에서 명하며, 또 권면합니다. 조용히 일해서, 자기가 먹을 것을 자기가 벌어서 먹으십시오. 형제자매 여러분, 선한 일을 이후 에베소서에서도 같은 내용의 권고가 주어진다.

도둑질하는 사람은 다시는 도둑질하지 말고, 수고를 하여 [제] 손으로 떳떳하게 벌이를 하십시오. 그리하여 오히려 궁핍한 사람들에게 나누어 줄 것이 있게 하십시오 새번역 엡 4:28

에베소서는 애초부터 여러 교회를 염두에 두고 쓰인 "회람서신"일 가능성이 크다.[6] 그렇다면 바울이 데살로니가 서신들에서와 에베소서에서 염려하는 그런 무절제와 무책임인 삶의 문제가 단지 이 두 경우에 국한되는 것만은 아닐 수 있다. 다소 문맥이 다르지만, 디모데전서에서도 빈둥거리며 일만 만드는 이들에 대한 경고가 나온다.딤전 5:13 또한, 수고한 사람에게 정당한 보상이 주어지는 것이 마땅하다는 원리에 대한 언급도 빈번하게 등장한다. 사도로서 바울 자신의 수고에 대해서도 마찬가지이고고전 9장; 신 25:4 참고, 교회에서 다스리는 장로들에 대해서도 마찬가지다.딤전 5:17-18; cf. 민 18:31; 대하 15:7 또한, 교회를 섬기는 디모데의 싸움과 수고에 대해서도 마찬가지다.딤후 2:6 여기에는 종종 구약성경의 말씀이 그 근거로 명시되는 경우가 많다. 바울서신의 이런 증거들은 바울이 세운 이방 신자들의 공동체 내에 믿음을 빌미로 한 무책임한 삶의 문제가 드물지 않았음을 드러내 준다. 그리고 이는 바울의 공동체의 다수가 부와 권력을 소유한 상류층이 아닌, 하류층 출신이었을 가능성을 강하게 시사한다.

---

6) 여러 사본에는 "에베소에 있는"이라는 말이 빠져있다

타인의 수고를 가로채는 죄

바울서신은 아니지만, 야고보서에는 이와 상반되는 경우가 언급된다. 이 편지에서 야고보는 공동체 내의 부자들에게 매우 신랄한 어조로 심판을 경고한다. 정죄의 이유는 그들이 "말세에 재물을 축적했다"라는 것이었다.^{약5:3} 하지만 이들이 축적한 재물에는 욕망의 썩은 냄새가 난다.^{약5:2} 이는 그들이 가진 재물을 가난한 자들을 위해 사용하지 않고 내버려 두었음을 의미한다. 물론 이는 그저 남의 아픔을 모른 채 있다는 잘못에 그치지 않는다. 많은 경우 내가 재물을 축적했다는 것은 다른 사람의 몫이 그만큼 적어졌다는 말이 된다. 그리고 그 상실한 몫이 생존에 영향을 미칠 상황이 된다면 그런 축재행위는 매우 심각한 범죄가 된다. 야고보서의 경우, 비난의 대상이 되는 부자는 자기 밭에서 추수한 품꾼에게 제대로 삯을 지급하지 않았다. 야고보는 그들이 지르는 소리와 우는 소리가 하나님의 귀에 들렸다고 말한다.^{약5:4} 그들은 이 땅에서 사치하고 방종하지만, 하나님은 그들의 오만한 태도를 심판하실 것이다.^{약5:5} 그들은 무죄한 자들을 정죄하고 죽인 죄를 저지른 자들이기 때문이다.^{약5:6}

다소 모호하지만, 고린도전서에도 유사한 경고가 있다고 볼 수 있다. 고린도전서 6장에서 바울은 성도들 간에 자행되는 법적 소송을 두고 그들을 비난한다. 일견 바울의 권고가 "불신자 앞에서 소송하지 말라"는 수준의 경고로 읽힐 수도 있지만, 당시 사회에서 법적 소송의 의미를 고려하면 보다 심각한 경고일 가능성이 크다. 오늘날의 상황과 유사하게, 당시에도 법적 소송은 소위 금력과 권력을 가진 자들이 그렇지 않은 자들을 협박하거나 갈취하는 수단으로 악용되는 경우가 많았다. 결국, 같은 성도를 법정으로 끌고 간다는 것은 성도들 간에도 합법을 가장한 이런 악한 갈취 행위가 자행되고 있었다는 말이 된다. "불의를 행하고 속인다"는 말은 아마 이런 행위를 가리키는 표현일 것이다.^{고전6:8} 9-10절의 엄중한 경고가 전통적인 악덕에 더하여 주로 경제적 갈취와 연관된 악행들을 묘사하고 있다는 점도 이런 추론을 뒷받침한다. 바울의 경고는 선명하다. 이런 자들에게는 구원이 있을 수 없다는 것이다.[7]

> **도적**이나, **탐욕을 부리는 자**나, 술 취하는 자나, 모욕하는 자나, **속여 빼앗는 자들**은 하나님 나라를 유업으로 받지 못하리라^{고전6:10}

다리 놓기

무위도식하며 남의 수고에 기대는 자들이나, 자신의 권력과 금력으로 타인의 수고를 갈취하는 행위는 모두 하나님이 그리는 정의와 샬롬의 세계, "자기 손이 수고한 대로 먹는" 세계와는 어울리지 않는 행태다. 바울은 자기가 섬기는 공동체의 상황에서 이런 원리에 어긋나는 행태들을 관찰하고, 그에 대해 단호한 심판을 선고한다. 우리가 바울에게서 확인하는 것은 이 원리의 중요성이다. 그리고 우리는 우리가 살아가는 교회 공동체, 그리고 더욱 넓은 사회, 경제적 상황 속에서 이 원리를 숙고한다. 지극히 원론적이지만, 이 원리는 우리가 "노동"에 관해 생각하는 데도 그 나름의 빛을 비춰줄 것이다. 특히 이는 우리 사회가 드러내는 다양한 형태의 "불평등"이 보다 심각한 문제가 될 수 있다는 것을 말해준다. 어쨌든 많은 질문이 생긴다. 모두가 "자기 손이 수고한 대로 먹을 수 있는" 샬롬의 관점에서 볼 때, 지금 우리의 상황은 어떠한가? 일한 것도 없이 남의 수고에 기생하려는 악한 욕망과 부당한 방식으로 타인의 수고를 가로채려는

---

7) Anthony Thiselton, *First Corinthians* (Grand Rapids: Eerdmans, 2000)의 설명 참조.

악한 욕망이 오늘 우리의 상황에서는 어떤 방식으로 그 추한 머리를 드러내고 있는가? 우리는 사회의 상황이나 경제 구조를 빌미로 삼아, 우리의 부정한 욕망을 정당화하고 있는 것은 아닌가? 남녀 간의 임금 격차는 정당한가? 학력 간의 임금 격차는 정당한가? 많이 수고하고 적게 받아가는 비정규직 노동자들의 문제는 "효율적인" 경제를 위해 불가피한 현상인가, 우리 욕망을 정당화하는 또하나의 수단에 지나지 않는가? 그리고 우리는 이런 현상에 대해 어떤 태도를 보일 것인가? 바울처럼 외적 구조를 그대로 두고 우리 나름으로 그 속내를 바꾸려고 애를 쓸 것인가? 아니면 더욱 적극적으로 그 부조리한 현실을 도전하고 이를 개선하기 위해 나서야 할 것인가? 만약 그렇다면 우리는 이를 위해 어떤 수단을 쓸 수 있을까?

물론 간단히 답이 나오지 않는다. 상황이 그렇게 간단치 않기 때문이다. 그리고 우리의 상황이 성경의 상황과 다른 만큼, 성경의 원리를 적용하는 데는 우리 나름의 신실하고도 과감한 상상력이 필요하다. 윌버포스에게서 보는 것처럼, 우리의 신실한 상상력 역시 온전치 못할 것이다. 그래서 나의 신실한 상상력이 잘못된 것일 수도 있다는 겸허함 또한 필요하다. 하지만 그런데도 우리는 성경의 원리를 우리 삶의 현실에 연결하려는 노력을 멈출 수 없다. 모든 면에서 완전치는 못했지만, 윌버포스의 신실한 노력은 그 나름으로 위대한 업적을 남겼다는 사실을 기억하면서 말이다.

5장

신자유주의 시대, 일의 영성은 가능한가?

박영호
한일장신대학교 교수

신자유주의 시대, 일의 영성은 가능한가? 박영호

"무슨 일을 하든지 마음을 다하여 주께 하듯 하고 사람에게 하듯 하지 말라
골3:23" 누군가 나의 좌우명을 물으면 나는 이 말로 대답했다. 오랫동안 그랬다.
결혼할 때 어떤 서예가께서 좋아하는 글귀를 써서 선물하겠다고 하셔서 이 성경
구절을 말씀드렸다. 이 일로 이 말씀은 우리 집의 공식 가훈이 되었다.

결혼 후 바로 유학길에 오르는 바람에 그때 받은 선물을 표구한 액자를 챙
겨갈 시간이 없었다. 그 이후에는 비행기에 가지고 갈 방법도 마땅치 않고 해서
한국에 있는 처가 응접실에 걸어 놓았고, 사진을 찍어서 벽에 붙여 놓고 간접 감
상을 했다. 언젠가 한국으로 돌아가면 내 집 거실에 가장 잘 보이게 붙여 놓으리
라 다짐 또 다짐했다. 미국에서의 유학과 목회 생활이 예상보다 길어져 18년 만
에 귀국했다. 처가에 가자마자 그 액자를 찾았는데 볼 수가 없었다. 그 사이 처
가가 이사했고, 미국에서 공부하던 처제네가 귀국해서 그 집에 함께 살게 되었
는데, 두 가정의 짐이 합쳐져 그 액자가 어디에 들어가 있는지 찾을 수가 없게 되
었다. 가훈을 보란 듯이 걸어 놓은 거실의 꿈은 또다시 연기해야 했다. 가훈이
실종된 것이다. 정확히 말하면 있기는 있는데, 눈에 보이지 않은 지 오래되었

다. 그러다 보니 도대체 있기나 한 건지 확신이 서지 않는 때도 있다.

'일의 영성'에 대한 글을 청탁받고 이 액자가 생각났다. 어딘가 있는 것은 분명한데 어디에 묻혀 있는지 모르는 일의 영성의 현주소를 보여주는 유비일 수도 있겠다 싶어 혼자 쓴웃음을 짓게 된다. 미국으로 유학을 떠나기 전에 두 교회에서 교육부서를 섬겼다. 90년대의 일이다. 두 번 모두 교회를 떠날 때 이임 설교를 이 본문으로 했다. "무슨 일이든 주께 하듯!" 떠나면서 하는 설교란 사랑하는 제자들의 삶에 가장 중요한 가치로 자리 잡았으면 좋겠다는 바람이 담긴 것 아니겠는가? 그때마다 확신 있게 설교를 했고, 귀담아듣는 반응이 있었다. 비슷한 주제의 설교를 여기저기 청년들 집회에서 자주 하기도 했었다. 열정적으로 전했다.

20년 가까운 시간이 흘러 다시 한국에 돌아온 지금 나는 자문해 본다. 지금도 그렇게 설교할 수 있을까? 자신이 없다. 주유소에서 기름 넣고 있는 젊은이들, 백화점 주차장 입구에서 구십 도로 인사하는 젊은이들을 보면서 저들의 삶에 '일'이란 무슨 의미가 있을까 생각해 본다. 온종일 학교에서 수업 듣고 어두워진 시간에 편의점으로 가서 다음 학기 등록금을 위해 일해야 하는 대학생들에게 "열심히 일하라"는 말을 하려니 입이 떨어지지 않는다. 좋은 대학이 인생의 유일한 목표인 것처럼 자신을 몰아 세워가며 청소년 시기를 보낸 덕에 세칭 일류대학을 다녔지만, 학사모를 쓰고 졸업하는 날 오후에도 공무원 시험 학원으로 달려가야 하는 젊은이들, 수십 통의 이력서를 쓰고 또 쓰지만, 이 역시 광탈^{광속탈락}할 것임을 알고 있는 취업준비생들에게 어떤 종류의 성실함을 요구할 수 있을까? 월급도 주지 않는 착취를 '인턴'이라는 제도로 합리화하는 파렴치한 기업이지만, 그런 기업에 대한 일방적 연모를 버리지 못하는 이들에게 '주어진 일에 감사하고 충실하라'라는 말은 어떤 의미가 있을까? 기껏 취업했지만, 비정규직을 벗어나지 못하는 이들은 일의 영성을 받아들일 어떤 마음의 준비가 되어 있을까?

2015년에 한국의 비정규직 사원의 수가 600만을 넘어섰다. 월급쟁이 3명 중 한 명꼴로 비정규직이라고 한다. 이른바 신자유주의 이념을 충실히 따른 결과이다. 그에 따라 노동시장의 유연성flexibility of labor market, 다시 말해서 쉽게 쓰고 쉽게 자를 수 있는 구조가 강화되고 있다. 이 구조가 기업의 투자의욕을 고취하고 활력을 높여 전체 경제성장에 이바지할 것이라는 논리를 내세운다. 이 논리의 적실성 여부, 그 근거가 되는 온갖 수치들의 타당성 여부는 경제학적으로 엄정하게 따져 보아야 할 일이다. 이와 함께 경제 문제가 사회 문제, 정치 문제이기도 하고 심리학적 문제인 동시에 영적인 문제이며, 가정의 문제이기도 하다는 사실을 유념해야 한다. 신자유주의가 우리 사회 구석구석을 어떻게 변화시켜 놓고 있는지에 대한 통찰이 필요하다.

오늘날 일의 영성을 말하기 힘들다면 어디서부터 잘못되었을까? 단순히 시대가 어렵다는 말로는 설명이 부족하다. 왜냐하면, 루터의 시대 노동자의 삶은 지금과는 비교가 안 될 만큼 팍팍했기 때문이다. 성경에서 "모든 일을 주께 하듯" 하라는 말은 노예들에게 주어진 말이다. 그때 노예들의 일의 조건과 사회적 인정은 지금과 비교도 되지 않게 열악했다. 무엇이 문제인가? 종교개혁자들이 그랬듯이 우리는 성경으로 돌아가야 한다. 루터와 칼빈이 16세기 유럽의 질문에 충실하여 성경을 읽었다면, 21세기 한국의 상황은 우리에게 어떤 성경 읽기를 요구하는가?

'모든 일에 최선을 다하라', 일의 신학의 기초가 되는 골로새서 3장 22-25절과 에베소서 5장 5-8절은 그레코-로만 사회의 가정윤리교훈haustafeln의 기독교적 변형이다. 노예들에게 성실히 일하라는 일의 윤리 자체는 본래 기독교적인 것이 아니라 세속윤리를 기독교적으로 변형해 낸 것일 뿐이다. 신약성서의 교훈이 세속의 윤리와 다른 점은 권면이 노예들에게만 아니라 '주인들에게도'

주어진다는 점이다.

> "상전들아 의와 공평을 종들에게 베풀지니 너희에게도 하늘에 상전이 계심을
> 알지어다. 골4:1"
> "상전들아 너희도 그들에게 이와 같이 하고 위협을 그치라 이는 그들과 너희의
> 상전이 하늘에 계시고 그에게는 사람을 외모로 취하는 일이 없는 줄 너희가 앎
> 이라 엡6:9"

성실과 순종의 일의 영성을 말하는 것이 잘못은 아니다. 그러나 그것은 고
용주들에게도 엄격한 영성과 윤리를 함께 요구할 때만 정당성을 갖는다.

이런 '균형 잡힌 윤리'도 신약성서의 사회 윤리적 스펙트럼 가운데 가장 보
수적인 극단에 자리한다는 것이 성서학계의 합의이다. 신구약성서가 모든 사회
적 사안에 대하여 단 한 가지의 명확한 대답을 제시하고 있다는 것은 오해다. 신
약은 예수의 일대기도 4개의 복음으로 제시하고 있지 않던가? 노동과 경제체제
에 대한 견해 역시 다양한 입장이 제시되어 있다. 에베소서나 골로새서의 반대
쪽에서 우리는 세계 무역에 기반을 둔 로마제국의 경제체제 자체를 심판받고 멸
망 받을 대상으로 규정하며, 그리스도인들에게 "거기에서 나오라"고 권면하는
급진적 비전을 발견할 수 있다. 계18장 불의한 체제에서 경제생활을 영위하는 것
자체가 짐승에 굴복하는 것이라는 계시록의 암시도 사회 윤리적 도전으로 보아
야 한다. 이런 인식이 묵시적 비전에만 머무는 것은 아니다. 예수의 초기 제자
들은 "배와 그물을 버려두고" 예수를 따라나섰다. 예수는 하나님의 샬롬을 전
파하러 떠나는 이들에게 전대도 가지지 말고, 두 벌 신발도 갖지 말고 오로지 하
나님만 의지하라고 한다. 마10장 여기서 하나님에 대한 급진적 신뢰는 기존 경제
체제에 대한 급진적인 거부를 포함한다.

이렇게 넓은 스펙트럼이 신약성서에 있다면, 그 중간 정도에 해당하는 사회적 비전을 어디에서 찾아야 할까? 자기 삶의 터를 떠나지 않고 현재 삶의 터전에 머무르면서 하나님의 뜻을 따르고 싶다면, 그 뜻을 실현하는 공동체를 이루며 살아야 한다. 그 공동체는 에토스ethos에 있어서 이미 세상을 떠난, 세상과 차별되는 공동체이다. 그 차별성의 핵심은 여기에 있다. "너희는 유대인이나 헬라인이나 종이나 자유인이나 남자나 여자나 다 그리스도 예수 안에서 하나이니라갈3:28" 그리스도 안에서 모든 차별과 구별이 이미 철폐되었다. 본질에서는 노예도 없고 노예 주인도 없다. 노예와 상전, 각자에게 주어진 노동과 고용의 윤리는 이 평등의 선언에 부속되는 현실론으로 보아야 한다.

모든 일이 성직'이라는 종교개혁자들의 주장에는 바로 이런 평등의 복음이 내재하여 있었다. 사람이 하는 일을 고귀한 성직과 하찮은 세속적인 일로 나누는 차별에 대한 문제의식, 하나님의 창조 사역에 동참하는 인간으로부터 노동의 고귀한 보람과 자부심을 박탈해 버린 종교 권력에 대한 루터의 분노를 여기서 읽을 수 있어야 한다.

바울 역시 분노했다. 안디옥에서 이방인과 유대인들이 한 상에서 밥 먹는 공동체가 파괴되었을 때이다.갈2:11-21 이신칭의라는 신학적인 토론을 하다가 싸운 것이 아니다. 바울이 대선배인 베드로에 대항하고, 필생의 은인인 바나바에 맞선 것은 '이방인과 유대인들이 같은 밥상에서 밥을 먹을 수 있는가' 하는 문제였다. 사도 바울을 분노하게 한 것은 추상적인 이론이나 교리에서의 차이가 아니었다. 구약 해석 방법의 차이도 아니었다. 실천에서의 차이였다. 그 실천의 핵심에는 이 질문이 있다. 우리는 같이 밥을 먹을 수 있는가? 명제적으로 진술되는 교리가 가장 중요하고, 그것만 바로 가르치면 식당에서의 좌석 배치는 아무래도 상관없는가? 바울은 그 반대의 생각을 가졌다. 한 상에서 밥 먹는 공동체를 위해서 '교리적 설명'을 들고나왔고 구약성서의 해석을 논한 것이다.

밥 먹는 것은 이처럼 중요하다.

어떤 신학대학 비정년 교수의 경험이다. 평소에 적지 않은 차별을 느꼈지만, 잘 참고 버텼다. 그러면서 어엿한 정년 교수가 될 꿈을 꾸는 중이었다. 하루는 학술대회를 마치고 밥을 먹으러 가는데, 정년 교수들은 학교 버스를 타고 호텔로 가고, 비정년 교수들은 식권을 나누어 주면서 학교 식당에 가서 밥을 먹으라고 했다고 한다. 그간 하는 일에 비해 턱없이 적은 연봉을 포함한 여러 굴욕을 어렵사리 참아 왔는데 그날부로 그 학교를 그만두기로 했다는 것이다. 좀 더 버티면 정년 교수가 될 확률도 낮지 않았는데 밥 먹는 자리에 함께 앉을 수 없다는 굴욕을 잠시도 참기 힘들었다는 것이다. 안디옥 사건은 오늘도 일어나고 있다.

안디옥 사건에는 이런 배경이 있다. 예수 그리스도 이전에 이미 유대인 회당들에는 이방인 개종자들이 함께 모여 유대 종교에 참여하고 있었다. 이들 중 상당수는 할례를 받지 않았고, 그래서 온전한 하나님의 백성으로 대접받지 못했다. 유대인들이 "우리 조상 아브라함"이라고 기도할 때 그들은 "여러분의 조상 아브라함"이라고 다른 말로 기도해야 했었다. 이들이 유대인들과 함께 앉아서 밥을 먹는다면 유대인들은 자신의 정결이 위협받는 것으로 여겼다. 안디옥의 기독교 공동체에서는 이방인들이 비슷한 방식으로 참여했지만, 중요한 차이가 있었다. 유대인과 이방인들이 함께 한자리에 앉아서 밥을 먹었던 것이다. 이후 다른 유대인들로부터 압력이 들어오자 베드로와 바나바는 함께하는 식탁에서 물러났다. 그러나 바울은 이 문제에 있어서 단호했다. '우리 됨'을 지키는 것을 복음의 본질로 보았다. 식탁의 분리는 이방인들을 온전한 하나님의 백성이 아닌 이등 백성으로 전락시키는 행위이다. 함께 밥을 먹을 수 없다면 '우리'라는 말은 무의미하다. 아무리 입으로 바른 교리를 말한다고 해도 그렇다.

회사에서 조직의 사활을 걸고 무슨 일을 추진할 때 사장이나 고위직 상사가 사원들에게 힘주어 "우리 회사"를 위해서 노력하자고 할 때, 비정규적 사원들은 어떻게 들을까? "우리 회사라니, 당신들의 회사이지요?" 회사는 다니지만, 우리 회사는 없다. 사장의 회사이거나, 잘해야 정규직들의 회사이다. 언제까지 이 직장에 출근할지 모르는데, "우리 회사"라는 말이 가당키나 한 것인가? 세월호가 침몰했을 때, 5층 객실에 있던 아이들을 구하기 위해 4층으로 내려갔다가 구명조끼도 입지 못한 채 숨진 두 명의 교사가 있다. 그러나 그녀들은 기간제 교사라는 이유로 순직 대상에서 빠졌다. 신문들은 "죽음조차 차별받는 비정규직"이라는 제목으로 기사를 싣기도 했다.[1]

면죄부를 팔던 교황청을 향해 분노를 내뿜었던 루터가 오늘날 한국에 살았다면 이러한 사회와 그 권력을 향해 분노하지 않았을까? 당시 교황청은 종교 권력이자 정치 권력이었다. 우리는 루터의 분노는 박제화해놓고, 기존 체제에 순응하는 노동의 윤리만을 선별적으로 강조하고 있지 않은가? 물론 현대 개신교의 이런 신학적 입장에 루터가 전혀 책임이 없다고 할 수는 없다. 종교개혁의 메시지가 일깨운 농민들의 의식이 혁명의 불길이 되어 쇄도할 때, 루터는 그들을 강하게 비판하고 그 불을 진화하는 데 앞장섰기 때문이다. 막스 베버는 이때 루터의 마음속에는 자신이 제시한 새로운 교리의 미래가 더 중요했으며, 농민전쟁으로부터 그 이미지를 보호하고 싶은 마음으로 가득 찼을 것으로 추측한다. 루터는 갈라디아서 2장의 안디옥 사건을 주해하면서 이때 베드로가 "사망에 이르는 죄"를 범했다고 단언한다. 이는 자신의 시대의 타락한 교황의 모습을 베드로에게 투사한 결과이다. 이 본문을 주해하면서 마틴 루터가 '함께 밥 먹는 공동체'라는 의미를 좀 더 곡진히 탐구하지 못한 것이 아쉽다. 사도 바울의 일차적 관심은 함께 밥 먹는 관계의 보호였다. 고린도 교회의 성찬 모임을 향한 바울

---

1) 2017년 5월 15일에 문재인 대통령은 세월호 기간제 교사 순직 인정을 지시하였고, 43일 후에 기간제 교사 김초원, 이지혜 씨를 순직 인정 대상에 포함하는 내용을 담은 '공무원연금법 시행령' 개정안이 문재인 대통령이 주재한 첫 국무회의에서 의결되었다.(2017년 6월 27일)

의 질책에서도 똑같은 관심이 드러난다. "너희가 먹고 마실 집이 없느냐 너희가 하나님의 교회를 업신여기고 빈궁한 자들을 부끄럽게 하느냐고전 11:22" 평등하게 먹을 수 없다면 그들은 이미 주의 성찬을 거행할 자격이 없는 사람이다.고전 11:20-21 아무리 탁월한 은사가 나타나고 영적인 지식이 풍성해도 소용없다. 그것이 고린도 교회였다.

회사에 해당하는 영어의 'company'는 라틴어에서 프랑스어를 거쳐 온 말로 '빵pane을 같이com 먹는 사이'라는 말이다. 우리말로 한솥밥을 먹는 '식구食口'라는 말이다. "사원을 가족같이 회사를 내 일 같이"라는 표어는 현대 한국 산업사회의 발명품이 아니라, 무릇 함께 일하는 모든 그룹이 가져야 할 자세에 대한 보편적인 이상이기도 하다. 이상과 현실이 일치하는 예는 없기에, "사원을 가족같이"라는 말은 얼마간은 환상일 수밖에 없다. 그러나 이상과 현실의 차이가 너무 클 때 사회는 근본부터 무너져내린다. 열심히 일하면서도 "우리 회사"라는 말이 도무지 실감 나지 않는 사람들에게 노동의 의미는 무엇인가?

사실 신자유주의 경제 질서하에서는 가족도 온전하지 못하다. 신자유주의의 발원지 미국에서도 해고는 끔찍한 일이다. 그러나 나는 미국에서 해고되었다고 가족에게도 말하지 못하고 한동안 출근하는 척하는 이들은 보지 못했다. 퇴직금 일부를 월급이라고 속이고 가져다주고, 그게 바닥이 나면 더 심각한 상태가 되는 이들도 우리 주위에 없지 않다고 한다. 최근에 공무원으로 취직되었다고 1년을 부모를 속이다가 마침내 자살한 청년의 이야기를 신문에서 읽었다. 청년을 자살로 몰고 간 부담에는 월급 받는 척하려고 대출받았던 돈에 대한 부담도 포함되어 있었을 것이다. 가정이란 무엇인가? 세상 모두가 나를 생산성의 기준으로 평가하고, 효율성의 잣대로 멸시해도, 나를 있는 그대로 받아 줄 곳이 가정이어야 하지 않는가? 이것이 우리가 흔히 하는 말, "그래도 제집에서는 귀한 자식이야!"라는 말이 담고 있는 의미 아닌가? 혹 취직을 못 해도, 돈을 제대로 못 벌어도, 승진에서 연속 탈락해도, 비정규직을 전전해도, 온종일 하는 일이라고는 이력서 쓰는 것뿐이라 하더라도 내가 천하보다 귀한 한 생명임을 깨우쳐 주는 공동체가 한 군데는 있어야 한다. 그래야 살 수 있다. 이것이 가정에 대한 사람들의 기대이다. 현재 한국사회에서 가정은 그 기능을 상실했다. 과도한 경쟁 사회에서 살아남기 위한 경쟁력 제고의 전진기지로 전락했다. 살인적인 입시경쟁은 결국 좋은 대학을 거쳐 좋은 회사의 입성에 유리한 '회사형 인간' 을 만들기 위한 부모들의 눈물겨운 노력의 결과이다. 이 가공할 경쟁의 압력 아래에 가정의 전통적인 가치는 파괴되고 있다. 자본주의의 무한경쟁, 신자유주의 비인간성이 한국사회를 몰아 온 막다른 골목이다. 미국식 경제이론인 신자유주의가 한국의 경제뿐만 아니라 근본적으로 다른 문화와 가치관 속에서 살아가는 한국사회를 망치고 있는 모습이다.

가정은 회복될 수 있을까? 이 물음은 가정을 행복의 보금자리로 낭만화하는 경향을 경계함으로 시작해야 한다. 가정의 이데아와 가정의 현실이 일치한 적은 별로 없다. 오늘날의 가정도 끊임없는 갈등과 소외, 때로는 학대의 현장이다. 성경 시대의 가정의 사정도 비슷했다. 사실 헬라어나 라틴어에 딱히 가정 family에 해당하는 단어는 없다. 헬라어의 오이코스/오이키아는 일차적으로 주택을 말하는 것이었다. 가족이라는 집단과 구성원을 말할 때도 오늘날과 같은 친밀한 뉘앙스는 없었다. 라틴어의 *familia*는 놀랍게도 한 집안의 노예들을 가리키는 집합명사로 쓰였다.[2] 가정 운영을 말하는 헬라어의 *oikonomia*는 경제 economy의 어원이 되었다.[3] 인류 최초의 본격적인 경제학 교과서라 할 수 있는 크세노폰의 「오이코노미코스」는 농업사회에서의 가정 경영에 관한 책이었다.

---

2) Richard Saller, "Slavery and the Roman Family", in Moses I. Finley ed., *Classical Slavery* (London: Frank Cass, 2000), 84

3) 오이코노미아가 신학적인 단어로 하나님의 경세(經世)를 말하는 쪽으로 발전하는 흐름도 있다.

고대 그리스 사회의 두 축은 경제단위로서의 '오이코스'와 정치 단위로서의 '폴리스'였다. 폴리스는 인간 사회의 평등을 구현하고 – 물론 성인 남자 시민들만의 평등이었지만 – 명예를 존중하는 이상의 공간이다. 오이코스는 효율과 능률을 숭상하는 경제단위이다. 이 두 사회조직의 에토스는 현격히 대조된다. 이를테면 데스포테스는 영어의 'despot'의 어원이 된 말로, 폴리스에서는 독재자를 가리키며, 경계대상 1호의 극히 부정적인 개념이다. 그러나 오이코스에서는 평범한 의미에서의 가장을 말한다. 폴리스에서 극도로 경계하던 절대적 권력이 가장 오이코데스포스에게는 자연스럽고 당연한 것이 된다. 이는 오이코스가 효율성을 추구하는 경제단위인 것과 관련이 깊다. 바울은 교회를 '에클레시아'라 부르면서 '오이코스'와 강하게 대립시킨다. "너희가 먹고 마실 집오이키아, 오이코스와 동의어이 없느냐? 어찌하여 하나님의 교회에클레시아를 업신여기고 빈궁한 자들을 부끄럽게 하느냐?고전 11:22" 집에서의 행동방식과 교회에서의 행동방식은 달라야 한다. 이 말에는 집은 빈궁한 자들이 멸시받을 수밖에 없는, 노예에 대한 억압이 횡행하는 곳이라는 바울의 인식이 전제되어 있다. 복음서에 예수를 따르기 위해 집을 떠나는 이야기가 자주 나오는 것은 우연이 아니다.

효율성이 지배적 가치가 될 때, 사회는 비인간화된다. 신자유주의라는 이름의 효율성 숭배는 인간 사회의 모든 가치를 위험에 빠뜨린다. 회사는 더는 빵을 함께 먹는 company가 아니다. 교육도, 자아상도, 가정도 왜곡되고 있다. 예수님의 말씀은 효율성 숭상의 사회가 깜짝 놀랄 만한 도전을 던진다. 아흔아홉 마리를 두고 양 한 마리를 찾아 들로 나서는 목자의 이야기를 보자! 이것은 인간 이해에 대한 도전이다. 경제가 우상이 된 시대, 우리는 인간을 어떻게 이해하는가? 한국사회에서 존경받는 한 경제학자는 자신이 교수로 가르친 50년 동안 최소한 처음 25년은 잘못 가르쳤다고 고백하면서, 그 이유를 이렇게 말한다. "경제주체인, 피血가 있고 살肉이 있고 혼靈魂을 가진 사람 homo sapiens을 놓치고, 피도

눈물도 감정도 없는 합리적인 경제인^{homo economious}을 상정하여 그 시장경제 행위만을 분석의 대상으로 삼아 연구하고 가르쳤다."[4]

한 마리 양을 찾아 나선 목자의 이야기는 한 인간이 얼마나 귀한가를 보여준다. 그리고 양을 찾았을 때 기쁨으로 벌이는 잔치의 이야기는 제대로 사는 것이 어떻게 가능한가를 보여준다. 이어 나오는 드라크마의 이야기, 그리고 집을 나갔던 아들의 이야기 역시 잔치 장면에서 마친다. 고작 한 드라크마 때문에 벗과 이웃을 불러 잔치를 하다니! 효율성의 극복은 함께 먹는 잔치, 생명의 소중함을 경축하는 축제의 공동체에서 시작되어야 한다. 그게 사람 사는 세상이다.

탕자의 비유에서 형의 모습을 생각해 보자. 만약 재물의 아까움 때문에 동생을 위한 잔치에 기쁜 마음으로 참여하지 못하는 마음이라면 그가 하나님 나라로부터 얼마나 멀리 있는지, 그 마음 역시 탕자 못지않게 회개하고 뉘우쳐야 할 마음임을 이 비유는 역설한다. 아버지의 집에서 묵묵히 일하는 이 형은 종교개혁의 일의 영성에 들어맞는 인물이다. 그러나 한 사람을 아끼는 마음이 없고, 생명의 회복을 기뻐하며 잔치할 수 있는 여유가 없다.

우리의 변화는 어디에서부터 출발해야 하는가? '함께 밥을 먹는 공동체'이다. 바른 교리로는 부족하다. 옳은 말을 한다고 옳은 사람이라고? 바울은 그렇게 순진하지 않았다. 입으로는 이방인도 하나님의 자녀라는 교리를 잘 말한다고 해도, 함께 밥을 먹을 수 없다면 그 사람은 위선자다.^{갈2:13} 그리스도의 사랑은 말의 사랑이 아니라, 몸의 사랑이다. 말씀이 육신이 되신 성육신의 사랑이며, 그 사랑을 구현하는 공동체가 그리스도의 몸인 교회이다. 교회는 모든 사람이 천하보다 귀하다는 진리를 삶으로 새겨가는 공동체이다. 이 공동체를 맛본 사람은 자기 삶의 소중함을 안다. 또한, 자신이 처한 자리에서 한 사람을 있는

---

4) 김성훈, "'1%만을 위하는' 경제학은 죽었다!", pressian.com, 2016.02.05.

그대로 사랑하고, 천하보다 귀하게 여기는 삶을 살아갈 것이다. 그래야 우리의 가정도 회복될 수 있다.

예수를 제대로 믿는다면, 세상이 몰아가는 맹목적인 경쟁의 광풍에 저항하여 자신의 길을 갈 수 있는 영적 근력이 조금씩 생길 것이다. 그리고 하나님이 주신 자기 삶의 결을 존중하고 자신을 계발해 나갈 것이다. 또한, 정말 내가 사랑할 수 있는 일의 종류와 그 방식을 진지하게 고민하고 열심히 찾을 것이다. 그리고 그 방식의 핵심은 함께 일하는 사람들과 관계를 맺는 방식이다. 일의 현장에서, 일을 통해서, 함께 일하는 사람들을 존중하고 사랑하는 관계 형성에 좀 더 욕심을 내어 볼 것이다. 서로를 이용하고 경계하며 착취하는 직장이라면 아무리 연봉이 높아도 불편한 게 모든 인간의 마음이다. 그러나 진리를 몸으로 살 용기야말로 그리스도가 우리에게 주신 자유이다. 이 자유와 용기는 자신의 자녀를 입시 광풍으로부터 보호할 힘까지 포함한다. 그리고 이 자유를 살아낼 힘을 지속해서 공급하는 것이 함께 빵을 나누는 공동체이다. 그 공동체의 삶이 세상의 빛과 소금이 되는 것이다. 그러한 그리스도인이라면 자신이 맡은 삶의 영역에서, 자신의 책임으로 결정할 수 있는 부분에서라도 사람을 귀하게 여기는 작은, 그러나 구체적인 실천을 하려 할 것이다. 또한, 천하보다 귀한 한 인간보다 돈을 더 중요하게 여기는, 차별을 키우고 소외를 심화시키는 정책에 대하여 분노하고, 함께 문제의식을 가진 이들과 연대하고 길을 모색할 것이다. 이런 총체적인 인식과 노력 없이 무조건 일만 열심히 하라? 세상은 그렇게 간단하지 않다. 지금도 그렇고, 예수님과 바울의 시대에도 그랬다.

6장

교회사에서 본 노동

배덕만
기독연구원 느헤미야 전임연구위원

교회사에서 본 노동

배덕만

들어가며

노동운동가 은수미는 인간을 "노동에 근거하되 노동을 넘어서야 하는 존재"라고 정의했다. 생존을 위해 노동할 수밖에 없지만, 노동에 종속되어 인간성을 상실해선 안 되기 때문이다. 여기에 노동하는 존재로서 인간의 딜레마가 존재한다.[1] 이 딜레마는 역사 속에서 그 실체를 확인할 수 있고, 오늘도 우리 삶에서 반복된다.

그렇다면 역사 속에서 노동과 기독교는 어떤 관계를 맺어 왔을까? 노동자들의 관점에서 역사를 해석했던 칼 마르크스는 종교를 노동자들_{민중}의 아편으로 정죄했다. 따라서 노동을 둘러싼 자본주의의 억압적 구조를 탈피하기 위해선 종교와 신학에 대한 비판부터 시작해야 했다. 그렇다면, 이런 마르크스의 비판은 얼마나 역사적으로 진실할까? 근거 없는 헛소리에 불과한가? 아니면 부정할 수 없는 역사적 진실인가? 아니면 그 둘 사이의 어디쯤일까?

---

[1] 은수미, 『날아라 노동』 (서울: 부키, 2012), 238

이 글은 이런 문제의식 속에서 노동과 기독교의 관계에 대한 역사적 관계를 정직하게 읽으려는 소박한 노력이다. 따라서 노동에 대한 신학적 의미를 탐색하는 대신, 노동을 둘러싼 기독교/교회의 다양하고 복잡한 관계를 객관적으로 관찰·서술하려 한다. 더불어 노동현장의 다양한 역학관계 속에서 역사의 터널을 통과해 온 노동자와 노동운동에 더욱 주목하고, 이를 통해 노동의 본질과 현 주소에 대해 다시 한번 진지하게 고민하는 계기가 되길 소망한다.

I. 세계교회사

1. 고대-중세

성속이원론과 직업의 차별에 반대하는 성경의 가르침과 달리, 역사적으로 노동은 사회뿐 아니라, 교회에서도 존중받지 못했다. 종교개혁 전까지, 교회는 영육이원론을 신봉했던 그리스적 사고방식과 강력한 교권 구조하에서, 육체노동에 대해 부정적 생각을 확산·정당화했다.

이런 생각은 4세기에 본격적으로 모습을 드러낸 수도원운동을 통해 확산된 것으로 보인다. 아타나시우스의 『안토니우스의 생애』를 통해 처음으로 소개된 고대 수도원은 하루의 일과 중 기도와 명상을 가장 중시하면서, 육체노동도 강조했다. 당시에는 보통 광주리나 밧줄, 담요 같은 것을 만들었다. 그들은 노동을 "일하지 않는 자는 먹지도 말라"는 성서의 가르침을 따르는 방편이자, 생계와 구제의 수단으로 노동을 사용했다. 최초의 기독교 수도원으로 알려진 파코미우스 수도원에선 순종을 강조했고, 노동을 수도자의 필수 요건으로 규정했다. 또한, 노동을 통한 생산물은 자신들의 필요와 구제를 위해 사용했다. 463년에 스투디오스Studios가 설립한 수도원에서도 원장의 엄격한 영적 지도, 기도와

명상의 적절한 조화, 육체노동과 금욕의 조화를 실천했다.[2]

　　수도원의 역사에서 가장 중요한 것은 베네딕트 수도원이다. "서방교회 수도원의 역사는 베네딕트 수도원의 역사다"란 말이 있을 정도이다. 그 이유는 베네딕트 수도규칙이 서방의 모든 수도규칙의 표준이 되었기 때문이다. 총 73장으로 구성된 이 규칙은 수도사가 되기 위해 규율준수, 가난, 순결독신, 순종을 서약해야 하며, 수도사가 된 사람들은 기도와 명상, 육체노동과 공부, 재산의 공동소유, 검소한 삶의 실천을 요구했다. "제48장: 매일 육체노동"은 다음과 같다.

> 게으름은 영혼의 원수다. 그러므로 형제들은 일정표에 따라 육체노동이나 거룩한 독서에 참여해야 한다. 이것은 다음과 같이 배열하는 것이 좋겠다. 즉, 부활절부터 10월까지, 형제들은 제1시과부터 제4시과까지 육체노동을 해야 한다. 그리고 그때부터 제6시과까지, 그들은 독서를 해야 한다. 저녁식사 후, 그들은 침대나 침묵 속에 휴식을 취해야 한다. 하지만 독서를 하고 싶은 사람이 있다면, 그는 다른 형제들을 방해하지 않으면서 독서해야 한다...병들거나 연약한 형제들에겐 게으르지 않을 정도의 일이 배당되어야 하지만, 너무 강압적으로 해서 그들이 수도원을 떠나고 싶은 생각이 들게 해선 안 된다. 수도원장은 그들의 연약함을 세심히 고려해야 한다.[3]

　　결국, 수도원운동은 수도사들의 게으름을 방지하기 위한 수행의 방편으로 노동을 강조했다. 물론, 그 생산물이 생계에 도움이 되고 구제 재원으로 활용되었지만, 그 이상의 의미와 관심은 없었던 것으로 보인다. 또한, 이들은 세상으

---

2) 최형걸, 『수도원의 역사』 (서울: 살림, 2004) 참조.

3) *The Rule of St.* Benedict (New York: Image Books, 1975), 86-7.

로부터 격리된 삶을 살았기 때문에, 세속의 노동에 관해선 관심이 거의 없었다.

2. 종교개혁

16세기에 발생한 종교개혁은 중세에 편만했던 성속이원론에 반기를 들면서, 비종교적 직업에 대해서도 긍정적 의미를 부여했다. 이것은 당시에 혁명적인 발상 전환이었다. 루터는 소위 "소명론"을 주장하면서, 모든 직업이 위로는 하나님을 섬기고, 아래로는 이웃을 섬기는 행위라고 해석했다. 그의 관점에, 모든 직업은 동등한 의미가 있다.

> 교황, 주교, 사제, 그리고 수도승만이 영적 신분을 가졌고, 왕과 영주, 농부와 기능공들은 세속적인 신분을 지녔다는 생각은 잘못된 생각이다...모든 기독교인은 진정으로 영적 신분을 확보하였다. 이들은 상호 간에 아무런 차이가 없다. 다만 직분이 다를 뿐이다.[4]

> 구두 수선하는 사람, 대장장이, 농부 등은 각각 자기의 직업과 직책을 수행한다. 그러나 이들은 모두가 거룩한 사제요 주교들이다. 더욱이 한 몸의 여러 지체가 상호 섬기듯이 각 사람은 자신의 직업과 직책을 통하여 서로를 섬김으로써 한 공동체의 영적이고 물질적인 복지를 위하여야 한다.[5]

한편, 이 문제에 대해, 칼뱅도 루터와 비슷하게 생각했다. 궁극적으로, 이 세상의 모든 것이 하나님의 영광을 위해 존재한다고 믿었던 칼뱅은 직업도 개인

---

4) Martin Luther, "To the Christian Nobility of the German Nation," in *Luther's Work*, vol. 44, 127.
5) Ibid

의 생계수단이 아니라, 하나님을 섬기는 행위로 이해했다.[6]

하지만 이들은 당시의 노동자인 농민들의 비참한 상황에 대해선 충분히 공감하지 못했다. 비종교적 직업에 대해 신학적 정당성은 부여했지만, 장원에 소속된 농노들과 길드에 소속된 장인들의 부당한 착취와 노동조건에 대해선 제대로 파악하지 못한 것이다. 당시 농민들의 비참한 형편에 대한 기록을 살펴보자.

영국의 저술가 사제가 "농민들이 모은 옥수수, 목초지, 목장, 풀밭, 나무, 망아지, 양, 거위, 그리고 닭의 1/10을 소유하였다. 이 외에도 종들의 임금, 양모, 우유, 풀, 밀납, 치즈, 그리고 버터 등 모든 것의 1/10을 소유하였다. 참으로 그들은 이득을 챙기는 데는 너무나도 밝았으므로 불쌍한 내 아내는 계란의 1/10을 항상 염두에 두어야 했다. 그러지 않으면 부활절에 참여할 자격이 없었으며 이단으로 몰리고 만다."라고 기록했다. 실제에 있어서 이러한 십일조는 대부분 교회의 이름으로 착취했지만, 성직자의 손에는 전혀 들어가지 않았고 봉건 영주들이 가로챘으며, 또는 그들의 세입을 증대시키는 몫이 되었다.[7]

농민들이 당하는 고통들, 즉 지주로부터 당하는 끝없는 착취, 농촌 지역에 우글거리는 덩치 큰 강도 떼들에게 당하는 계속된 빼앗김, 그리고 농민들의 소를 가져가거나 돼지를 죽이거나, 여성들을 괴롭히거나 심지어는 집에 방화하면서도 전혀 이상하게 생각하지 않는 군인들로부터의 피해.[8]

---

6) 잘 알려진 것처럼, 막스 베버는 『프로테스탄트 윤리와 자본주의 정신』에서 칼뱅주의의 소명론과 예정론이 자본주의 정신의 탄생에 이바지했다고 주장했다. 이에 대해, 종교사회학자 버니스 마틴(Bernice Martin)은 다음과 같이 논평했다. "베버의 유명한 책, 『프로테스탄트 윤리와 자본주의 정신』은 대중들을 위한 노동윤리의 원천이 아니라, 초기 근대유럽에서 자본가계급의 발흥에 관심을 둔 것이다. 자본가계급에는 소비가 아니라 축적이 지상과제였다."

7) 토마스 M. 린제이, 『종교개혁사 (I)』 (서울: 대한예수교장로회총회출판국, 1990), 111.

8) 토마스 M. 린제이, 108.

하지만 이런 착취와 억압에 항거하여 독일 농민들이 반란을 일으키자1525
년, 루터는 "농민들로 이루어진 살인과 도적떼를 반대하여"란 제목의 글을 써
서, 제후들에게 농민들의 봉기를 섬멸하라고 강력히 호소했다. 노동의 가치는
인정했지만, 노동을 둘러싼 사회적 관계에 대해선 전통적 통념을 극복하지 못
했다.

3. 존 웨슬리(John Wesley)와 그의 후예들

18세기에 영국에서 감리교 운동을 시작했던 존 웨슬리는 개인적 · 사회적
성화를 강조하면서, 기독교 사회개혁의 선구적 역할을 감당했다. 특히, 노동과
관련해서, 그는 노예제 반대 운동에 깊이 관여했다. 조지아에서 선교사로 활동
할 때, 그는 책과 현장방문을 통해 흑인 노예의 비참한 삶을 접하고, 노예매매
에 대해 "더할 나위 없는 증오심"을 갖게 되었다. 영국으로 되돌아온 후, 자신의
목회에서 노예들에게 세례와 성찬을 허락했으며, 노예들의 교육을 위해 기금
을 마련했고, 도서도 보급했다. 그뿐만 아니라, 『노예제도에 관한 사고』Thought
upon Slavery와 『국가의 상태에 관해 영국 사람들에게 드리는 진지한 요청』A Serious
Address to the People of England, With Regard to the State of the Nation 같은 책을 써서, 노예제
를 강력히 비판했다.

나는 흑인 노예매매가 더 이상 발견되지 않길 하나님께 간구한다! 그리고 우리
가 더 이상 우리의 형제들을 짐승처럼 도둑질해 파는 일과 그들을 수천, 수만
명씩 살해하는 일이 없길 간구한다! 오 회교나 이교적인 것보다 더 악하고 혐오
스러운 이 일이 우리에게서 영원히 제거될지어다! 영국이 설립된 이래 이와 같
이 저주스러운 매매에 손을 대는 치욕스럽고 불명예스러운 일은 영국에 없었
다.

웨슬리는 19세기에 영국과 미국의 수많은 복음주의자에게 엄청난 영향을 끼쳤다. 그의 성화론과 사회개혁에 관한 관심은 복음주의자들이 당대의 다양한 사회문제에 관심을 두고 적극적으로 참여하도록 자극했다. 먼저, 19세기 영국에서는 산업혁명의 영향으로 급속한 도시화가 이루어졌고, 그 결과, 도시 내에 수많은 빈민이 출현했으며, 아동노동, 여성 매춘, 열악한 감옥 환경 등이 심각한 사회적 문제로 떠올랐다. 이런 상황에서, 구세군의 사역이 큰 주목을 받았다. 이들은 도시 빈민들과 여성 매춘에 관심을 두고, 다양한 사회복지사업을 전개했다. 그 과정에서, 이 문제의 사회 구조적 원인을 발견하고 매우 진보적인 사회의식도 갖게 되었다. 같은 시기의 미국에서도, 웨슬리의 유산을 보존하려는 사람들에 의해 자유감리교회와 나사렛교회가 출현하여, 도시 빈민들을 위한 목회를 활발히 전개했다.

둘째, 19세기 영국과 미국에서 노예제는 중요한 노동문제이자 인권문제였다. 노예제는 영국에서 먼저 폐지되었다. 이 과정에서 가장 주목할 만한 역할을 감당한 사람이 윌리엄 윌버포스William Wilberforce였다. 그는 일군의 친구들과 함께 노예제 폐지를 위해 오랜 세월 동안 분투했지만, 강력한 현실의 벽에 막혀 번번이 좌절되었다. 그가 크게 낙망하여 자신의 꿈을 거의 포기했을 때, 연로한 존 웨슬리로부터 한 통의 편지를 받았다. 그 편지에서 웨슬리는 이렇게 호소했다.

하나님의 능력이 당신을 아타나시우스Athanasius로 불러 세우지 않으셨다면, 종교와 영국, 그리고 인간성의 수치인 저 저주스러운 악행을 대적하는 당신의 영광스러운 일이 어떻게 완수될지 나는 모릅니다. 하나님께서 바로 이 일을 위해 당신을 불러 세우지 않으셨다면, 당신은 사람들과 악마들의 반대로 기진할 것입니다. 그러나 만일 하나님이 당신을 위하신다면 누가 당신을 대적할 수 있겠습니까? 그들 모두를 합친들 하나님보다 강하겠습니까? 선행을 행함에 있어 염려하지 마십시오. 하나님의 이름으로, 그의 전능하신 능력 안에서 계속 전진하십시오. 온 세계에서 가장 악한 미국의 노예제도마저 사라질 때까지 말입니다.

결국, 그의 불굴의 노력으로, 영국의회는 1806년과 1811년에 노예무역을 금지하는 법령을 발포했고, 1833년에는 영국령 카리브해에서 모든 노예에게 자유가 선포되었으며, 후에 비슷한 법들이 다른 식민지들에서 발표되었다. 동시에, 노예무역을 금지할 목적으로, 다른 나라들과 조약을 체결하려고 노력했다. 얼마 후, 대부분 서방국가가 노예제를 폐지했다. 이런 영향은 미국으로 전달되어, 웨슬리의 반노예적 전통을 수호하려는 사람들이 웨슬리안감리교회를 창설했고, 찰스 피니Charles G. Finney를 중심으로 한 제2차 대각성 운동을 통해, 노예제 폐지를 주장하는 수많은 인물이 배출되었다.[9]

4. 기독교 사회주의와 종교 사회주의

기독교 사회주의는 예수의 가르침에 근거한 종교적 사회주의의 한 형태다. 많은 기독교 사회주의자들은 자본주의가 우상 숭배적이며, 탐욕에 근거한 것이라고 믿었다. 불평등의 원인도 자본주의와 관계된 탐욕과 연관되었다고 생각했다. 이 운동은 프레더릭 모리스Frederick Denison Maurice, 찰스 킹슬리Charles Kingsley, 러들로우 등에 의해, 1848년 4월 10일에 영국에서 탄생했다. 영국 노동자들이 참정권 확대를 목적으로 발생했던 차티스트운동이 실패한 후, "노동사제가 영국의 노동자들에게"란 제목의 문건이 뿌려졌다. 그 안에 다음의 구절이 들어있었다.

전능하신 하나님과 예수 그리스도, 자신도 가난하셨고 가난한 자들을 위해 돌

---

9) 도널드 데이튼, 『다시 보는 복음주의 유산』 (서울: 요단, 2003) 참조.

아가신 그분께서 그대들에게 자유를 주실 것이다. 물론, 지구상의 모든 포식자는 그대들을 억누르려 할 것이지만… 덕을 갖추지 않은 자유는 참된 것이 아니다. 종교를 부인하는 과학도 참된 것이 아니다. 하나님을 두려워하고 이웃과 시민을 사랑하지 않는 기업도 참된 것이 아니다. 자유는 그것을 누릴 수 있는 자격을 갖춘 자에게 주어질 것이기 때문이다.[10]

이들은 노동자들을 위한 잡지, 『민중정치』Politics for People를 발간했고, 1850년에 공장기술자, 대장장이, 제분업자, 주물제작자 등 다양한 직종의 노동자들을 묶어 처음으로 노동조합을 조직했다. 1854년에는 모리스를 학장으로 '런던 노동자대학' Workingmen's College in London도 설립했다.

한편, 종교 사회주의는 레온하르트 라가츠Leonhard Ragaz, 1868-1945와 헤르만 쿠터Hermann Kutter의 주도하에 스위스에서 시작된 기독교 사회운동이었다. 라가츠는 노동자, 목사, 교사, 교수 등의 다양한 경력을 거친 후, 자신이 설립한 노동자 훈련원 '가르텐호프' Gartenhof에서 노동자 교육에 헌신했다. 수많은 강연, 저술주기도문, 하나님 나라의 비유-예수의 사회적 복음, 예수의 산상설교, 성서의 하나님 나라 등, 사회운동노동운동, 반전운동, 반나치스 운동, 평화운동, 사회교육 등을 통해 스위스의 울타리를 넘어 유럽 전역에 많은 정신적 영향을 남겼다. 그는 최초로 '종교 사회주의' 라는 용어를 사용하고, 종교 사회주의 운동을 조직하여 이끌었으며, 잡지 『새로운 길』Neue Wege을 창간하여 말년까지 집필에 몰두했다.

라가츠는 처음엔 자유주의 신학, 부르주아적 문화, 관념주의의 영향을 받았다. 그러나 쿠르 시의 목사로 부임한 후, 사회문제에 관심을 두기 시작했다. 노동자들의 형편없는 주거환경, 열악한 노동조건, 가족관계의 파괴, 이로 인한

---

10) 이덕주, 『기독교 사회주의 산책』 (서울: 홍성사, 2010),

범죄행위와 알코올중독 등을 목격한 후, 그는 악의 사회 구조적 차원을 발견하고, 죄책의 연대감을 느꼈다. 이 무렵, 그는 칼 마르크스의 『자본론』을 읽었고, 영국 사회주의자들과 나우만Naumann을 문헌으로 만났으며, 크리스토프 블룸하르트의 직접·간접적 영향을 받았다. 그 결과, 노동자 교육과 개혁 운동에 관여하기 시작한 것이다. 라가츠는 1903년에 바젤 성당에서 바젤의 벽돌공 파업에 관해 설교하면서, 처음으로 사회주의에 대한 자신의 견해를 천명했다. 그는 노동운동을 구속사적으로 해석하면서, 사회운동이 종교개혁과 프랑스의 혁명보다 더 중요한 거대한 변혁이라고 선언했다.[11]

그는 칼 바르트에게도 많은 영향을 끼쳤다.

5. 사회복음과 기독교 현실주의

사회복음운동은 19세기 후반에 출현하여 20세기 초반에 절정에 달한 기독교운동으로서 미국과 캐나다에서 유행했다. 이 운동은 기독교윤리를 사회문제, 특히 경제적 불평등, 빈곤, 알코올중독, 범죄, 인종적 갈등, 슬럼, 열악한 위생, 아동노동, 부적절한 노동조합, 가난한 학교, 그리고 전쟁의 위험 같은 사회적 이슈들에 적용했다. 이 운동은 평신도보다 성직자들 안에서 더 인기가 있었고, 대표적 지도자들로는 리차드 앨리Richard T. Ely, 조시아 스트롱Josiah Strong, 워싱턴 글래이든Wahington Gladden, 월터 라우쉔부시Walter Rauschenbusch 등이 있다.

여기선 또 한 명의 핵심인물인 찰스 스텔젤Charles Stelzle에 대해 살펴보자. 그는 월터 라우쉔부쉬와 라인홀드 니버처럼, 노동자계급 교회에서 목회하는 동안 사회복음을 접하게 되었지만, 그들과는 달리 목회자가 되기 전에 10년 동안

---

11) 이신건, "레온하르트 라가츠의 종교사회주의." 이 논문은
   http://blog.daum.net/glass-sea/7690981에서 확인할 수 있다.

노동자로 살았다. 그는 1903년에 북장로교의 '교회와 노동국' 국장으로 모습을 드러냈고, 그 지위에 있으면서 십여 년 동안 자신의 교회가 노동운동에 관심을 두도록 유도했으며, 노동자들에겐 사회화된 기독교가 그들에게 우호적이란 확신을 심어주기 위해 노력했다. 1912년에 출판된 설교집, 『노동의 복음』The Gospel of Labor에서, 그는 이렇게 주장했다.

미국노동총연맹the American Federation of Labor에 가입하는 사람은 다음과 같이 서약한다. '우리는 빈곤, 무지, 이기심으로부터 노동계급의 해방, 말과 행동에서 모든 사람의 존중, 고아와 과부, 약하고 힘없는 자들에 대해 배려, 신조, 피부색, 국적의 차이로 인한 동료 노동자들의 차별 금지, 말이나 글로 표현된 사상의 자유 보호, 우리 자신과 동료 노동자들에 대한 노동운동사 교육에 헌신할 것이다. 우리에게 그것을 방지할 힘을 갖고 있는 한, 우리는 형제에게 악을 행하거나 그가 그런 일을 당하는 모습을 방관하지 않을 것이다. 우리는 모든 이기적 충동을 억제하고, 모든 노동계급의 물질적, 지적, 그리고 도덕적 상황을 향상하는 과업에 헌신하도록 최선을 다할 것이다.'

모든 그리스도인은 이런 원칙들에 서명할 수 있다. 그것들에는 교회에 다니는 사람의 서약과 충돌되는 것이 하나도 없다. 그렇다면, 내가 이런 고귀한 목적에 헌신하는 조직교회에 사람들을 초대하는 것이 부끄러워해야 할까요?

2천 년 전에 교회가 시작되었을 때, 일군의 노동자들에 의해 조직되었습니다. 교회의 지도자는 목수였습니다. 교회가 다른 도시들로 확산될 때, 그 시대에 길드지금, 우리는 그것을 노동조합이라고 부를 것입니다를 조직했던 노동자들이 그것을 가장 열정적으로 받아들였습니다. 나는 왜 노동자들이 그리스도를 자신들의 지도자요 챔피언으로 인정하면서, 교회에 다니지 말아야 하는지, 그 이유를 찾을 수 없습니다. 그러므로 나는 머지않아, 모든 노동자의 완전한 해방물리적, 정신적, 도덕적을 앙망하면서, 그분의 권세로, 노동조합원들의 서약과 그리스도인 들의 맹세가 우리 형제들을 위해 실현될 것이라고 믿습니다.[12]

그에게 노동조합과 교회는 같은 이상을 추구하는 공동체로서, 함께 협력해 야 할 역사적 사명을 공유하고 있었다.

한편, 기독교 사회주의는 1940년대 후반과 1950년대 초반에 라인홀드 니 버Reinhold Niebuhr에 의해 발전된 독특한 신학적 관점이다. 이것은 기본적으로 사 회복음의 영향을 깊이 받았지만, 당대에 발발한 전쟁, 그리고 히틀러와 스탈린 의 독재와 폭력을 경험하면서, 인간과 세상에 대해 부정적 · 비관적 생각도 동 시에 품게 되었다.

니버는 예일대학교 신학부를 졸업한 1915년부터 뉴욕의 유니온신학교 교 수로 부임하던 1928년까지, 총 13년간 미시건 주 디트로이트의 베델교회에서 목회했다. 그는 자신이 목회하던 베델교회 성도들을 통해, 포드 자동차회사 노 동자들의 현실을 깨달으면서, 노동문제에 깊이 관여하게 되었다. 당시 베델교 회 성도들 가운데 적지 않은 사람들이 포드자동차 회사의 노동자들이었다. 그 런데 그들 대부분이 심각한 해고위협과 턱없이 부족한 연봉으로 고통당하고 있 었으며, 노조의 부재로 자신들의 정당한 권리조차 누리지 못한다는 사실을 발 견했다.[13]

그가 쓴 일기에 이런 대목이 나온다.

우리는 오늘 거대한 자동차공장 한 곳을 방문했다. 특히, 주물공장이 내게 인

12) Ronald C. White, Jr. & C. Howard Hopkins with an Essay by John C. Bennett, *The Social Gospel: Religion and Reform in Changing America* (Philadelphia: Temple University Press, 1976), 68에서 재인용.
13) 니버에 대해선, 고범서, 『라인홀드 니버의 생애와 사상』 (서울: 대화문화아카데미, 2007)

상적이었다. 열기가 엄청났다. 노동자들은 지쳐 보였다. 이곳에서 육체노동은 매우 힘들고, 거의 노예 생활과 다름없었다. 노동자들은 자신들의 일에서 어떤 만족도 얻을 수 없을 것이다. 그들은 단지 먹고살기 위해 일할 뿐이다. 그들의 땀과 고통은 우리가 끌고 다니는 멋진 자동차들을 위해 지불된 가격의 일부다. 그리고 우리 대부분은 그것들을 위해 지불되고 있는 대가가 무엇인지 알지 못한 채 차들을 몰고 다닌다... 우리 모두에게 책임이 있다. 우리 모두는 그 공장에서 생산되는 것을 원하지만, 우리 중 그 누구도 현대적 공장의 효용성을 위해 어떤 인간적 가치들이 희생되는지에 대해 신경 쓸 만큼 충분히 예민하지 않다.

동시에, 근처에서 목회하던 성공회 감독 찰스 윌리엄스Charles Williams와 교류하면서 사회복음을 접하게 되었다. 이것을 통해 니버는 포드회사의 문제를 보다 체계적으로 접근하게 됨으로써, 이전까지 그의 사고를 지배하던 자유주의와 결별하게 하였다. 니버는 좌파적 성향을 갖게 되었고, 산업주의가 노동자들에게 끼치는 비도덕적 영향들 때문에 괴로워했다. 그는 헨리 포드Henry Ford에 대한 강력한 비판자가 되었으며, 노조 운동가들이 자기교회에서 노동자들의 권리에 관해 설명할 수 있도록 허락했다. 그는 조립설비와 부당한 고용조건으로 야기된 고통스러운 상황들을 공격했다.

6. 로마가톨릭교회: 레오 8세와 가톨릭일꾼운동

1891년 5월 15일, 교황 레오 13세1878-1903가 노동자와 사용자 간의 적절한 관계를 주제로 한 칙령『새로운 사태』Rerum Novarum 14)를 발표했다. 레오는 소수의 개인에게 집중된 엄청난 부와 대중들의 극단적 빈곤 사이의 불평등을 인식

---

14) 이것은 "노동헌장," 혹은 "가톨릭사회주의대헌장"이라 불린다.

하면서, 부자와 빈자, 자본과 노동 간의 상호 권리와 의무를 정의할 때가 되었다고 천명했다. 그는 부자들이 자신들을 보호할 수 있는 많은 방법을 갖고 있지만, 가난한 사람들은 국가의 보호 외에는 의지할 것이 없으므로, 가난한 자들을 보호하는 일에 특별한 관심을 보여야 한다고 주장했다. 특히, 모든 노동자가 적절한 한계 이상의 일을 하도록 강요되지 않으면서, 동시에 자신과 가족들의 생계를 유지하기에 충분한 만큼의 급료를 받을 수 있는 권리에 대해 언급했다.

한편, 그는 빈곤의 영적 가치와 성실한 삶이 부를 창출한다고 믿었지만, 단지 사랑과 자선이 정의를 이루기에 충분하다고 생각하지 않았다. 모든 그리스도인이 가난한 자들을 보호해야 하며, 노동자들의 권리를 보호하기 위해 노동조합을 조직해야 한다고 역설했다. 그런 권리들에는 공정한 임금, 합리적 노동시간, 간섭 없이 가톨릭 신앙생활을 할 수 있는 권리도 포함되었기 때문에, 레오는 가톨릭 노동조합의 조직을 요구했다. 그는 그런 조합을 통해, 빈곤에 종교가 동반되지 않을 때 발생하는 증오와 분열이 사라질 것이라고 주장했다. 하지만 그는 사회주의에 대해 부정적이었고, 사유재산을 인정했으며, 부자와 빈자 사이의 우호적 관계를 권면했다.[15]

가톨릭일꾼운동The Catholic Worker movement은 대공황 기간이던 1933년에 피터 머린Peter Maurin의 강력한 권유에 따라 도로시 데이Dorothy Day에 의해 설립되었으며, 같은 이름의 신문이 지금까지 발행되고 있다. 1933년부터 그녀가 세상을 떠난 1980년까지, 도로시 데이가 이 신문의 편집장이었으며, 토마스 머튼, 데니얼 베리건, 자끄 마리탱 같은 저명인사들도 이 신문에 글을 썼다.

이 운동은 여러 도시의 낙후된 지역에 있는 '환대의 집' houses of hospitality으로 유명하다. 물론, 많은 가톨릭일꾼센터들은 농촌에 존재하지만 말이다. 무급봉

---

15) Justo L. Gonzalez, *The Story of Christianity* vol. 2, 300−01.

사자들이 각 집의 능력에 따라 옷, 음식, 쉼터, 돌봄을 어려운 이웃들에게 제공했다. 1995년에 134개의 가톨릭일꾼공동체가 3개를 제외하곤 미국에 있었다. 도로시 데이는 이렇게 말했다. "우리의 규칙은 자비의 실천입니다. 그것은 곧 희생, 예배, 그리고 존경심의 길입니다."

환대의 수준을 넘어, 가톨릭일꾼공동체들은 노동조합, 인권, 생활협동조합, 비폭력문화의 발달을 후원하는 것으로 잘 알려져 있다. 가톨릭일꾼에 참여하는 사람들은 흔히 비무장, 비폭력의 삶을 추구하는 평화주의자들이다. 군대 징집 동안, 가톨릭일꾼들은 양심적 병역거부자들이었다. 이 운동에 열심히 참여했던 많은 사람은 인종차별, 부당한 노동, 사회적 불의와 전쟁에 반대하다 투옥되었다. 또한, 가톨릭 일꾼공동체들은 연방세금면제를 신청하지 않았다. 그런 공적 혜택을 받으면, 공동체를 국가에 종속시키고, 그 운동의 자유를 제약하게 될 것이라고 믿었기 때문이다.

자발적 가난을 강조하는 가톨릭일꾼은 초기 프란체스코회와 많은 공통점을 지닌다. 반면, 공동체, 기도, 환대를 강조하는 면에서 베네딕트수도회의 특징도 공유한다. 이 운동으로부터, 가톨릭노조연합the Association of Catholic Trade Unionists, 가톨릭평화동지회he Catholic Peace Fellowship, Pax Christi, USA 등을 포함한 단체와 운동이 탄생했다. 언젠가 도로시 데이는 이런 글을 썼다. "우리가 하는 일은 매우 소박합니다. 하지만 그것은 오병이어를 드리는 한 꼬마와 같습니다. 그리스도께서 그 작은 것을 취하여 크게 하셨습니다. 그분께서 나머지 일도 행하실 것입니다."16)

---

16) 가톨릭일꾼운동에 대해선, http://www.catholicworker.org/ 참조. 한편, 도로시 데이의 생애와 사역에 대해선, 도로시 데이, 『고백: 가난한 자들의 친구, 도로시 데이의 영적 순례기』(서울: 복있는사람, 2010) 참조.

II. 한국교회사

1. 해방공간

1945년 11월 5일, 조선노동조합전국평의회전평가 결성되었다. 산하에 16개 산별노조와 11개 지방평의회, 북한 전역의 노조를 담당하는 북한총국을 둔, 한국노동운동사상 최초의 전국적인 공개 합법적 노동조합이 출범한 것이다. 전평은 최저임금제, 8시간 노동제 등 노동조건 개선을 위한 19개 조항 제시했으며, 한 달 만에 1757개 조합, 55만 조합원을 가진 조직으로 성장했다.

한편, 1946년 3월 10일, 대한독립촉성노동총동맹대한노총, 한국노총의전신이 김구, 안재홍, 조소앙 등 우익인사들과 우익청년단원들이 참석한 가운데 조직되었다. 이 자리에 참석한 노동자들은 48명뿐이었다. 이 조직은 1945년 11월 2일에 결성된 독립촉성중앙협의회독촉를 토대로 조직되었는데, 독촉은 불교청년회, 기독교청년회, 천도교청년회 등 40여 개의 우익청년조직이 참여하여 만든 단체였다. 이후 대한노총은 전평이 주도한 경성전기와 태창방직의 파업을 파괴하는데 주도적인 역할을 담당했고, 이때 서북청년회를 포함한 우파청년단체들의 지원을 받았다. 결국, 이 시기에 북에서 월남한 우파기독교인들이 노동운동 파괴의 선봉에 섰다.

2. 전태일의 분신

전평의 해체 후, 한국노동운동은 장기간 수면 상태에 빠졌다. 그 고통스럽고 긴 잠을 깨운 것은 한 청년 노동자의 죽음이었다. 1970년 11월 13일 낮 1시경, 23세의 청년 재단사 전태일이 '근로기준법을 준수하라,' '우리는 기계가 아니다,' '내 죽음을 헛되이 하지 마라'고 외치며 분신한 것이다. 왜, 전태일은 그런 구호를 외치며 분신할 수밖에 없었을까? 당시 피복 노동자들의 현실에 대해 안재성은 다음과 같이 묘사한다.

> 서울 한복판 청계천 일대 2000여 개소 피복공장에서 일하는 27,000여 피복 노동자들의 대다수는 초등학교를 갓 졸업한 13세 혹은 14세 어린 나이에 고향을 떠나온 농민 자녀들이었다. 이들을 수용한 공장은 대부분 10평 안팎의 비좁은 상가에 만들어진 소규모 가내수공업장으로, 공간을 높이기 위해 중간에 나무판을 깔아 다락을 만들어 놓았고, 환기시설이나 채광시설은 갖추고 있지 않았습니다. 하루 평균 12-16시간씩 일해야 하는 여성 노동자들의 고통은 상상을 초월했습니다...사장의 상당수는 북한에서 공산당에게 땅을 빼앗기고 빈 몸으로 내려온 지주 출신들로 매정하고 철저한 노무관리 수완을 발휘하여 막대한 돈을 벌어들였습니다.[17]

전태일은 1968년에 노동법을 알게 되었고 평화시장 재단사들을 중심으로 근로조건 개선을 위한 모임을 시작했다. 부당한 일이 생기면 사업주에게 대표로 항의했고, 대통령에게 노동자들의 현실을 알리는 호소문도 썼다. 전태일은 근로기준법을 함께 공부하던 '삼동회' 회원들과 함께 본격적인 평화시장 근로 개선운동에 나섰지만, 노동문제 해결을 위한 사업주의 약속은 번번이 지켜지지 않았다. 결국, 11월 13일, 그는 절규하며 불길 속에서 쓰러진 것이다.

전태일의 분신은 엄청난 파문을 일으켰다. 2000여 개 수공업장으로 나누어져 단결할 수 없으리라 믿겨졌던 청계천 일대 피복공장을 대상으로 청계피복노동조합청계노조이 만들어졌다. 전태일의 친구와 어머니 이소선의 주도하에, 평화시장 내 600개 사업장 노동자 67,000명 이상이 조합에 가입했고, 매년 대폭

---

17) 안재성, 『한국노동운동사 2』(서울: 삶이 보이는 창, 2008), 93-4.

적인 임금인상과 노동조건개선을 쟁취했다. 하루 평균 14시간 이상의 노동시간은 1970년대를 거치면서 10시간 내외로 줄었고, 많은 공장의 다락방이 철거되었으며, 대다수 공장이 주휴일을 지키기 시작했다. 그의 분신은 사회적으로도 큰 파문을 불러왔다. 1970년 165건이던 노동쟁의가 다음 해에 1657건으로 10배나 증가했으며, 수많은 양심적 지식인들이 노동문제에 관심을 두고 직간접적으로 도움을 주게 되면서, 한국전쟁 이후 사라졌던 진보적 노동운동이 새롭게 발화하는 계기가 되었다.

전태일의 분신은 몇 가지 점에서, 기독교와 관계를 갖는다. 첫째, 전태일 자신이 기독교인이었다. 둘째, 기독교 청년들이 그의 죽음을 애도했다. 전태일이 분신한 날, 새문안교회에서 열린 신학강연회에서 오재식이 전태일의 죽음을 처음으로 알렸고, 강연회가 끝나자마자 서남동 · 현영학 교수, 한국기독학생회총연맹KSCF 독일인 연구간사 브라이덴슈타인 등이 명동 성모병원 영안실로 달려가서 전태일의 첫 번째 조문객이 되었다. 셋째, 전태일의 죽음은 민중신학의 탄생에 결정적 영향을 주었다. 민중신학자 서남동은 민중신학의 출발에 '전태일 사건'과 '김지하의 시'가 결정적 영향을 끼쳤다고 주장했다.[18] 끝으로, 주류 교회들은 그의 죽음에 철저히 무관심했다. 특히, 그의 장례를 부탁받은 영락

---

18) "민중신학이란 1970년대 이래 한국의 상황에서 전개된 특정한 신학의 흐름을 말한다. '민중신학'이 하나의 개념으로서 등장하게 된 것은 1975년 서남동의 '민중의 신학에 대하여'라는 논문에서 비롯되었고, 합의된 개념으로서의 '민중신학'이라는 말이 사용된 것은 1979년 한국에서 열린 아시아교회협의회(CCA) 신학협의회에서였다. 그러나 실제 민중신학의 등장은 그보다 앞서 60년대 말 70년대 초 한국의 정치 사회적 배경에서라 할 수 있다. 서남동이 이야기한 바를 따르면, 민중신학의 출발은 '전태일 사건'과 '김지하의 시'라는 두 가지 계기와 밀접하게 관련되어 있다. 일종의 비유적 표현이기는 하지만, 여기에 민중신학의 태동 배경과 그 출발점이 잘 함축되어 있다. 1970년 평화시장 노동자 전태일의 분신 사건이 1960년대 이래 경제발전의 실질적 주역이었음에도 그 정당한 대가를 보장받지 못하고 주변 세력으로 전락한 '민중'의 문제를 전면적으로 제기한 사건이라면, 1970년대 '김지하의 시세계'는 바로 그러한 민중의 현실에 대한 지식인 내지 양심세력의 자각을 대표하는 것이라 할 만하다. 결국, 민중신학은 이른바 개발독재로 인한 인권의 유린과 민중의 소외라는 한국의 정치 · 경제적 상황과 이에 대한 자각을 기반으로 형성된 신학이라 할 수 있다." (최형묵, "민중신학의 역사와 그 현재적 의미"(2005년 10월 18일 서울대 강연)

교회는 "자살한 사람의 장례는 교회에서 할 수 없으며, 그가 그리스도인이라면 출석하고 있는 교회에 가서 하는 것이 원칙"이라며 거절했다. 오재식은 전태일의 죽음에 대한 교회의 냉담한 반응에 분노하여, 〈기독교사상〉 12월호에 '어떤 예수의 죽음'이란 전태일 추모사를 기고했다.

3. 산업선교

1957년에 대한예수교장로회 총회가 처음 결의한 산업선교는 공장노동자들에게 복음을 전할 목적으로 시작되었으며, 주된 전도방법은 예배, 성경공부, 봉사 활동 등이었고, 서울 영등포 지역에서 활동을 시작했다. 이후 기독교대한감리회1961, 한국기독교장로회1963, 구세군대한본영1965, 기독교대한복음교회1973 등이 차례로 산업선교에 가담했다. 이들 모두는 한국기독교교회협의회 회원 교단으로서, 산업선교는 본질에서 에큐메니컬 운동의 성격을 갖게 되었다. 특히, 1960년대 후반부터, 산업선교는 노동자 교육, 노동조합 지도자훈련, 노동조합 조직지원 등 노동운동에 본격적으로 개입하기 시작했다. 1968년, 명칭을 산업선교Industrial Evangelism에서 도시산업선교Urban Industrial Mission, UIM로 변경했다.

산업선교 활동이 활발히 전개되면서, 이에 대한 정부의 간섭과 탄압도 고조되었다. 1972년 7월 인천기독교도시산업선교회 총무 조승혁이 중앙정보부에 연행되어 고문과 조사를 받았으며, 산업선교활동이 용공으로 매도되기 시작했다. 특히, 주목할 사건은 동일방직 노조사건1978과 YH무역사건1979이다. 감리교 조화순 목사가 이끌던 인천도시산업선교회에 가입한 동일방직 노동자들의 노조 활동을 저지하기 위해, 회사 측에서 불량배를 동원하여 여성 노동자들에게 폭력을 행사하고 배설물을 투척했다. 전국섬유노동조합연맹도 회사 측에 동조하여 블랙리스트를 작성하고 해고자들의 재취업을 방해했다. 또한, YH무역사건 후, 정부는 이 사건 배후에 도시산업선교가 있다고 판단하여, 한국기독청년협의회EYC의 황주석, 서경석, 인명진 등을 구속했다.

이렇게 상황이 긴박하게 전개되자, 교회도 적극적으로 대응하기 시작했다. EYC 구속에 대해, 한국기독교교회협의회는 노동운동을 "노동자들의 인권과 권익을 옹호하는 것," "하나님의 엄한 명령"이라고 선언했다. 1980년에는 장로교통합 총회가 "산업선교 활동에 대한 입장"을 발표하여, 근로자의 "비인간적 처우와 부당한 경제적 대우" 때문에 교회가 노동운동을 옹호하게 되었으며, "산업사회를 위해서는 산업선교가 불가피"하다고 선언했다. 산업선교는 1980년대에도 지속되었으나, 주도권이 도시산업선교회에서 노동자들에게로 이동하면서 영향력이 감소했다. 역사가들은 산업선교에 대해 다음과 같은 평가를 내렸다.

한국노총과 산별노조가 관변단체역할을 하던 당시에, 기독교 산업선교단체들은 개별 기업 노조 지부나 분회가 실질적 도움을 얻을 수 있었던 유일한 곳이었다. 1970년대, 정부나 사회로부터 관심을 받지 못했던 소외된 산업노동자들, 특히 여성 노동자들을 교회가 산업선교를 통해 돌본 것은 한국교회의 선교역사에서 하나의 이정표가 될 만한 일이었다.[19]

1970년대 민주노조 대부분은 교회의 지원과 영향을 받아 과거 혁명주의적인 운동과는 거리가 멀었지만, 불모의 노동운동에 새로운 희망이 됩니다. 전태일이 분신하기 몇 해 전인 1960년 후반부터 전국의 공장지대에서 활동해온 가톨릭 노동청년회와 도시산업선교회의 영향 아래 1970년대에 들어와 60여 개 공장

---

19) 한국기독교역사학회 편, 「한국기독교의 역사 II」 (서울: 한국기독교역사연구소, 2009), 228-29.

에서 노조결성 투쟁과 어용노조 민주화운동이 벌어졌습니다. 그중 몇몇 공장에서는 격렬한 파업과 농성이 장기화하여 사회적으로 큰 반양을 일으킵니다. 1980년 광주민중항쟁 이후 학생 출신들이 대거 현장에 취업해 혁명적 노동운동을 지향하기 이전까지 10년간, 이들 민주노조는 남한 노동운동의 새로운 전형으로 활약합니다.[20]

결론

이상에서 노동과 기독교의 다양한 만남과 관계를 간략히 살펴보았다. 교회가 처했던 지역적 · 역사적 맥락에 따라, 그 양상은 매우 다양했다. 성경적 가르침의 본질과 상관없이, 기독교는 자신이 직면한 현실의 고유한 상황에 직간접적으로 영향을 받으면서, 노동에 대한 정의와 노동을 둘러싼 사회현상에 대해 반응했다. 이제, 위에서 기술된 내용을 간략히 정리함으로써, 글을 마치고자 한다.

첫째, 기독교는 전통적으로 노동에 관심을 가졌지만, 그것을 둘러싼 사회적 쟁점들에 대해선 소극적 태도를 견지했다. 수도원에서 노동을 수행의 도구로 규정했으나, 이것을 게으름 극복의 방편으로 삼았던 것, 그리고 소명론을 통해 성속이원론을 극복하려 했지만, 영주들의 부당한 억압에 대한 농민들의 저항을 비판했던 루터의 모습이 대표적인 예이다.

둘째, 기독교는 18세기 웨슬리의 감리교운동을 통해, 노동문제에 더욱 적극적으로 관심과 행동을 보이기 시작했다. 이들은 부의 위험을 경고했고, 빈민과 노동자들을 돕기 위해 다양한 프로그램을 개발했으며, 경제적 불평등을 강

---

20) 안재성, 『한국노동운동사 2』, 98.

력히 비판했다. 하지만 이런 문제들을 일으키는 사회 구조적 모순은 제대로 파악하지 못했고, 문제를 제도적으로 해결하려는 노력도 부족했다.

셋째, 19세기에는 영국과 미국에서 노예제와 노동문제의 해결을 위해 더욱 조직적이고 구조적인 차원의 개혁 운동이 진행되었다. 이 시기에 복음주의자들이 영국과 미국에서 노예제 폐지를 위한 운동에 적극적으로 가담했고, 상당한 수준의 공헌도 했다. 동시에, 노동문제에 대한 사회주의적 대안을 모색하는 움직임도 매우 활발하게 전개되었다. 심지어 가톨릭 진영에서도 교황의 주도하에 노동문제에 대한 전향적 태도를 보이기 시작했다.

넷째, 20세기엔 미국의 주류 교회들이 노동문제에 깊은 관심을 두고 적극적으로 참여했다. 사회복음과 기독교 현실주의가 이런 흐름에 신학적 근거를 제공했으며, 이것들의 영향을 받은 주류 교회들이 교단 차원에서 노동문제를 포함한 다양한 사회문제에 적극적으로 반응했다. 하지만 같은 시기에 보수적 기독교인들은 이 문제에 냉담한 반응을 보이면서, 노동문제에 무관심하거나 사용자적 관점에서 행동하는 한계를 보였다.

끝으로, 한국의 경우, 주류를 형성한 보수교회들은 노동문제에 대해 침묵하거나 노동운동을 비판하는 태도를 견지했으나, 일부의 진보적 기독교인들이 오해와 박해 속에서 용감하게 노동운동에 뛰어들었다. 특히, 전태일, 산업선교, 민중신학은 그런 암울한 현실 속에서 강력한 빛을 발한 찬란한 별들이었다.

7장

노동의 신학과 직업윤리

김동춘
기독연구원 느헤미야 연구위원

노동의 신학과 직업윤리[1)]

김동춘

I. 노동의 일반적 의미

1. 일(노동)이란 무엇인가?

넓은 의미에서 일勞동은 생존과 생계를 위한 인간의 활동活動이다. 인간에게 노동은 살아있음을 뜻하며, 동시에 살아가기 위한 활동이다. 인간이 노동하고 있다는 것은 인간이 생물학적 생명을 유지, 존속하고 있으며, 생존을 위한 활동을 진행하고 있음을 의미하며, 그것은 인간 존재의 핵심적인 요소이다. 일은 인간에게 존재론적으로 본성적인 활동이다. 무릇 살아있는 모든 생물체는 활동하는 존재이기 때문이다. 일은 그 일의 결과나 수고에 따른 경제획득의 여부를 떠나 인간에게 존재적으로 당위적이고 본성적인 활동이라 할 수 있다. 그러나 사회 속의 조직과 집단, 공동체 안에서 수행되는 일은 단순히 본성적인 활동이 아니다. 사람의 일은 취미나 심심풀이로 하지 않는다. 인간의 모든 일은 목적성으로 수행하게 되는데, 그것은 생존을 위한 수단으로써 일이 바로 그것이다. 일은

---

1) 이 글은 한국복음주의윤리학회 편, 「복음과 윤리」 제13권(2017), 90-116p에 게재된 것이다.

노동력을 제공하거나 발휘하여 나름의 목적에 부합한 기능을 수행함으로써 그에 합당한 돈벌이와 능력을 발휘한다. 결론적으로 노동을 사회과학적 맥락에서 정의한다면, 노동이란 생계수단으로서 직업 활동의 일환으로 생산 활동을 벌이면서 생산물의 결과에 따라 임금을 받거나 이윤을 획득하는 경제활동을 의미한다.[2]

2. 노동의 3가지 차원

인간에게 일은 3가지 차원이 있다. 첫째, 생물학적 차원의 노동으로서, 노동은 호구지책糊口之策으로 의식주衣食住의 해결책으로서 노동이 있다. 둘째, 사회적 차원의 노동으로 인간사회의 구성원으로 활동하는 것으로서 노동이 있다. 셋째는, 문화적 차원의 노동으로, 인간은 노동을 통한 창조적 행위를 수행하는 것이며, 생산물을 통한 성취감과 존재감을 확인하는 것이 노동이다. 여기서 노동의 의미상의 차원에 대해 다음과 같은 3가지 차원으로 정리할 수 있다.

1) 생존과 생계로서 노동

노동은 일차적으로 생존生存과 생계生界를 위해 필요하다. 노동은 개인의 생존을 위해, 그리고 가족 부양, 자녀 양육을 위해 반드시 필수적인 수단이다. 노동은 생계수단이므로 누구에게나 필요한 권리이고, 누구나 감당해야 할 책임과 의무이다. 노동은 생존권의 문제이므로 일터일자리는 반드시 보장되어야 한다. 그러므로 일자리가 '밥그릇 싸움' 이라는 말은 틀인 말이 아니다. 그만큼 일자리가 논의되는 노동세계는 생계와 관련된 절박한 영역이다. 일자리는 권리로서

---

2) 참고, "노동", 한국사회연구소 편, 『사회과학사전』(서울: 풀빛, 1990), 112-113; 김중희 편, 『노동용어 사전』(서울: 노문사, 1992), 162. 권중동 편, 『노동대사전』 (서울: 중앙노동연구소, 1994), 233-235.

노동의 의미도 있지만, 동시에 경쟁으로서 노동의 현실이 동반된다. 노동에 대한 어떠한 철학적이며, 의미상의 해석은 오히려 구차한 설명일뿐이며, 사실상 모든 노동은 생계형 노동이다. 왜냐하면, 그리스도인이라 할지라도 돈을 궁극적인 목적으로 살지는 않지만, 돈을 벌기 위해 일하기 때문이다.

2) 자아실현의 장(場)으로서 노동

노동은 단지 생존과 생계수단만이 아니라 인간 각자에게 주어진 잠재성을 발현하는 통로이다. 인간이 수행하는 일이 자신의 존재가치와 삶의 의미를 구현할 때, 노동은 노동하는 사람과 노동의 결과물, 그리고 노동의 결과가 주는 물질적 보상 사이에 발생하는 소외를 최소화하면서, 일은 인간이 지닌 소양, 자질, 능력을 발휘하는 장이 될 뿐 아니라, 노동의 결과물을 통해 성취감과 만족, 행복감을 주는 도구이고, 자기실현이 된다. 노동의 근원적인 의미와 즐거움과 보람은 단순한 생계를 위한 기계적인 노동이 아닌 창조적 노동일 때, 가장 최고의 의미와 보상을 주게 된다.

그런데 많은 경우 생계수단으로 출발한 노동이 자아실현의 노동으로 발전되기도 하고, 자아실현을 위해 시작한 노동이 생계노동으로 연결되기도 한다. 그런 점에서 항상 생계노동은 무의미한 노동이고, 창조적 노동만이 본디 노동만이 아니다. 생계형 노동과 자아실현의 노동은 단절되기도 하지만, 종종 서로 연결하는 통로가 되기도 한다.[3]

3) 사회적 활동으로서 노동

---

[3] 인간이 노동하는 이유는 생존 유지라는 필연적, 사회적, 객관적 이유로 노동하며, 자아실현이라는 임의적, 개인적, 주관적 이유로 노동한다고 요약할 수 있다. 천주교 서울대교구 정의평화위원회 편, 『가톨릭 사회교리: 문헌편』 (서울: 기쁜소식, 2011), 133.

노동하는 인간은 사회적 인간이다. "노동은 다른 이들과 더불어 일하는 것이고, 다른 이들을 위하여 일하는 것이고, 다른 누군가를 위하여 무엇인가를 하는 것이다."[4] 노동은 일을 수행하는 과정에서 직장에서 동료 인간과 더불어 사회의 구성원으로서 인간 공동체를 형성하면서, 시민, 민족, 국가 구성원으로 살아가도록 한다. 노동이 수행되는 인간의 일터는 그의 사회적 활동공간이며, 상하관계와 수평관계를 통해 타인과의 연대, 친교, 협력하며 살아가는 삶의 자리이다. 인간은 직장이라는 사회적 조직 안에서 자신에게 부여된 직임과 직책을 통해 사회적 인격을 보유하며 삶을 영위한다. 노동하는 인간이 사용하는 명함의 직책職責, status은 인간의 사회적 존재감의 표현이다. 노동은 개별 인격이 아닌 사회적 인간으로서 수행되며, 그 과정에서 인간은 사회적 존재감을 의식하면서 살아간다.

II. 노동의 신학적 이해

1. 문화명령으로서 노동: 노동은 인간에게 부여된 위임 혹은 문화명령이다.

창조주 하나님은 에덴동산을 창설하시고, 아담과 하와에게 주님의 창조세계를 경작하고cultivate, 돌보고care, 관리하고, 경영하도록management 위임하셨다. 창 2:5-8, 15 하나님께서 인간에게 위임하신 것은 가정familia, 생육과 번성, 국가politica, 지배와 다스림, 경제economica, 노동과 경영다. 창 1:28의 '땅의 지배' dominium terrae [5]는 인간의 다른 피조물에 대한 전제 군주적이며 폭군처럼 지배 명령이 아니라, 임금이 백성을 보살피며, 목자가 양을 돌보듯 땅을 일구어내고, 재형성

---

4) 교황청 정의평화평의회 편, 『간추린 사회교리』(서울: 한국천주교중앙협의회, 2005), 221.

5) "하나님이 그들에게 복을 주시며 하나님이 그들에게 이르시되 생육하고 번성하여 땅에 충만하라, 땅을 정복하라, 바다의 물고기와 하늘의 새와 땅에 움직이는 모든 생물을 다스리라 하시니라"(창 1:28)

하며 관리하라는 명령이다. 인간은 땅의 지배, 다시 말해 경작과 개발, 그리고 창조적 행위를 통해 문화적 행위에 참여하여, 자연물을 관리, 경영하는 주체가 된다. 물론 신칼빈주의 전통의 기독교 세계관적 논리에서 자연을 문화로 분화, 개현시키는 것이 문화명령의 핵심인 것처럼 제시되고 있는 점은 근대적 인간 주체 중심적 사고의 한계임이 분명하지만, 어쨌든 자연과 문화를 향한 인간의 모든 변혁적 활동은 다름 아닌 노동을 통해 가능하다.

그러므로 노동은 인간이 자연을 경작하고 다스림을 통해 역사와 사회, 즉 문화를 이루어나가는 총체적인 활동이다.[6] 노동의 위임은 하나님의 창조적인 활동에 개입하라는 요구이다. 노동은 하나님께서 위임하신 것을 책임지고 수행하는 인간의 행위이다. 모든 인간은 하나님께서 베푸신 일반은총에 따라 자연과 역사 안에서 다양한 노동행위경작, 개발, 보존를 통해 하나님의 위임명령을 수행한다. 일노동은 하나님의 창조계획 일부이며 인간을 만드신 목적이다. 또한, 일은 피조물적 인간의 존재 목적이기도 하다.[7] 인간은 일을 통하여, 일에 의해 하나님의 뜻을 수행하고 하나님을 예배한다.

2. 하나님 형상의 대리행위로서 노동: 노동은 하나님의 대리자로서 인간의 창조적 활동이다.

인간이 하나님의 형상이란 인간이 창조주 하나님의 유비적 존재임을 의미한다. 그런데 인간이 하나님의 형상이란 인간에게 주어진 인간의 속성으로, 또는 존재론적 의미가 아니라 '인간의 현존재 안에서 늘 새롭게 실현되어 가는 관계', 다시 말해 하나님과 인간 사이의 역동적인 관계적 의미로 이해되어야 한

---

6) 벤 위더링턴 3세, 『평일의 예배, 노동』, 오찬규 역, (서울: 넥서스CROSS), 2016, 170-188.

7) 물론 노동하는 인간이 되는 것이 인간 존재의 목적이나 본질로 규정하는 것은 바람직하지 않다. 그런 규정은 노동을 통한 인간 역사의 진보를 낙관했던 직선적-진보사관적 사고가 깔렸다고 할 수 있다.

다.[8] 그러므로 인간은 존재 자체만이 하나님의 형상이 아니라, 인간 안에서 하나님의 형상을 발휘하는 그때, 하나님의 형상이라고 말할 수 있다. 따라서 하나님의 형상인 인간은 땅에서 하나님을 대표하고 대리자로 그 직무를 수행해야 한다. 인간이 하나님의 형상이라면, 피조세계를 창조하시고, 그들에게 생명을 불어넣으시고, 그들을 돌보시고, 보존하고 축복하신 것처럼, 인간의 삶과 활동 속에서 하나님을 대리하여 그의 직무를 대표적—대행적 권한과 책임을 지고 수행해야 한다. 인간의 노동은 동료 피조물을 억압하고 착취하고 죽임으로 몰아가는 것이 아니라 인간의 기획과 구상, 의도, 실행에서 하나님의 다스리심을 대리하여 정의롭게 반영되어야 한다. 노동의 측면에서 인간의 하나님 형상이란 인간도 하나님처럼 공동 창조자co-creator가 되어 문화를 창출하고 하나님의 집인 세상을 경영하는 것을 의미한다. 하나님은 우리의 노동을 통해 인간에게 창조성을 기대하시면서, 우리가 문화의 경작자요, 창조자요, 경영자가 되기를 바라신다.[9]

3. 교정되어야 할 노동에 대한 신학적 오해

1) 노동은 타락으로 인해 발생한 형벌과 저주가 아니다.

창 1:28에서 바라본 노동은 창조 때 하나님께서 인간에게 부여하신 위임된 것이다. 노동은 창조 때 주어진 것으로 창조를 보존하려는 하나님의 뜻에 기초하고 있으며, 그런 점에서 노동은 창조상태에서 부여된 인간의 본원적 명령으로서 인간 삶의 적극적인 의미를 지닌다.[10] 또한, 창 3장에서 바라보는 노동

---

8) 켄 그라나칸, 『환경신학: 생태 위기와 교회의 대응』, 이상복 역, (서울: UCN, 2005), 85.

9) 벤 위더링턴 3세, 『평일의 예배, 노동』, 186-187.

10) 파울 알트하우스, 『말틴 루터의 윤리』, 이희숙 역, (서울: 컨콜디아사, 1989), 147.

은 타락으로 인한 형벌과 저주라는 소극적 의미를 지닌다. 이렇게 해석하면 노동은 축복이 아니라 저주와 형벌이 된다. 타락으로 노동은 생존을 위한 고역이 되고, 비인간적 경쟁과 착취의 결과물이 되고 만다. 이제 노동은 기쁨과 감사의 통로가 아니라 생계와 보수報酬를 위해 일해야 하는 억지스러운 의무로만 남게 된다. 천국은 이런 형벌적 노동으로부터의 쉼을 주는 자유와 해방을 선물한다. 그러나 노동은 죄의 저주로 발생한 것이 아니라 하나님의 일반은총 아래 있어 죄의 억제와 잠재력의 발현을 통해 신적 은혜의 영역 안에 있다.[11]

2) 하나님은 영원 속에 존재하신 분이 아니라 일하시는 하나님이다.

노동은 창조주 하나님의 창조 사역의 일부이다. 6일간의 창조 사역은 '수고로운 노동'이며, '노동하는 활동'이다. 하나님의 창조행위를 노동 없이 이루어진 비활동적 창조로 간주하려는 것은 아리스토텔레스의 '부동의 동자'의 신 개념이다. 무無운동적, 비非활동적 신관은 성경적 하나님 개념이 아니라 파르메니데스적이며, 플라톤적인 형이상학에 근거한 존재론적 신관이다. 만일 기독교가 말하는 신적 본질에서 활동성과 운동성을 제거하고 관조觀照와 무감정無感情, apatheia의 신 개념이 강조된다면, 이는 성경에서 계시되는 바, 인간의 역사와 현실 속에 참여하고, 개입하시며, 활동하시며 변화를 이끌어 가시는 활동하시는 하나님, 일하시는 하나님개념이 배제될 것이다.

영원 안에 존재하신 하나님께서 시간과 공간 속에 들어오셔서 행하신 최초의 모습은 '창조적 일'이다. 하나님의 최초 자기계시는 '존재하시는 하나님'이 아니라 오히려 창조를 통한 '일하시는 하나님'이다. 또한, 창세기 1장에서 '보시기에 좋았더라'라는 의미는 날마다 일을 마치신 하나님은 자기 일의 결과에

---

11) "사람이 하나님께서 그에게 주신 바 그 일평생에 먹고 마시며 해 아래에서 하는 모든 수고 중에서 낙을 보는 것이 선하고 아름다움을 내가 보았나니 그것이 그의 몫이로다"(전 5:18)

대해 만족하며 기뻐하셨다는 뜻이다. 또한, 6일간의 창조 활동 후 쉼을 가지셨다는 것은 '일하시는 하나님'을 반증한다. 창2:2-3

3) 예수 그리스도와 노동: 아버지도 일하시니 나도 일한다.

성육신하신 예수 그리스도는 가현설적 인간이 아니라 혈과 육을 지닌 참사람이셨다. 인간이 되신 하나님은 인성을 입으실 뿐 아니라 인간적 조건을 취하시고, 노동하는 인간으로 사셨다. 그러므로 예수님은 일하시는 하나님이다. 그는 "내 아버지께서 이제까지 일하시니 나도 일한다" 요5:17라고 하셨다. 예수를 아는 사람들은 "이 사람이 마리아의 아들 목수가 아니냐?" 막6:3고 말했는데, 그가 노동자 예수임을 보여준다. 예수님은 식사할 겨를이 없이 일하셨다. 주님은 낮에는 일하시고 밤에 쉬셨다. 그러나 예수님은 노동의 수고로 일하는 자들의 쉼을 보장하시는 분이시다. "수고하고 무거운 짐 진 자들아 다 내게로 오라 내가 너희를 쉬게 하리라 나는 마음이 온유하고 겸손하니 나의 멍에를 메고 내게 배우라 그리하면 너희 마음이 쉼을 얻으리니 이는 내 멍에는 쉽고 내 짐은 가벼움이라" 마11:28-30 이 본문을 노동신학의 측면에서 해석한다면, 노동의 굴레와 착취 속에 있는 인간들에게 참된 자유와 인식을 선포하시는 메시지이다. "너희는 따로 한적한 곳에 와서 잠깐 쉬어라 하시니 이는 오고 가는 사람이 많아 음식 겨를도 없음이라" 막6:31 예수님은 노동의 착취자가 아니라 일하는 자의 쉼을 보장하시는 주님임을 보여주고 있다.

또한, 예수님은 안식일에도 일하심으로 안식일 개념을 혁명적으로 전환시켰다. 유대 종교체제에서 안식일 노동은 엄격히 금지되었지만, 예수님은 안식일이 사람을 위하여 있는 것이지, 사람이 안식을 위하여 있는 것이 아니다 "막2:27라고 천명하심으로 안식일의 문자적, 형식적 준수를 고집함으로 고통 가운데 처한 인간을 더욱 비인간화하는 안식일법에 정면으로 도전하였다. 예수는 안식일의 본래 취지인 노동하는 인간의 인권과 사회보장법적 본질을 곡해하여 노동금지에 초점을 두었던 유대교 종교체제의 율법주의적 안식일 준수보다, 인 간의 생명을 살리는 것이 우선이라는 혁명적 발상을 제시하여 안식일에 병 고침 의 노동 활동을 통해 이웃에게 선을 발휘하셨다. 노동을 금하는 안식일 규정이 인간을 비인간화로 몰아간다면, 이는 그저 종교화된 악법에 불과하다는 것이 다. 예수에게 진정한 노동은 그 행위를 통해 이웃에게 선을 제공하는 것이었다.

4) 성속 이원론은 노동 혐오적 사고를 조장한다.

노동에 대한 기독교적 관점을 저해하는 가장 심각한 사고는 이원론이다. 노동혐오 혹은 노동경시 풍조는 영혼과 육체, 성과 속을 이원화하여, 영적인 일 과 육적인 일, 성스러운 일과 세속적 일을 분리하여 이를 우열과 차등을 두는 것 에서 기원한다. 또한, 엄숙주의적이며 경건주의적 신앙 유형에서는 빈번하게 묵상, 예배, 금욕을 강조했지만, 일과 활동을 기피하는 신앙사고가 빈번하게 강조됐다. 이것은 분명 온전한 기독교적 사고가 아니라 플라톤주의화된 기독교 요, 영육이원론적 기독교에 더 가깝다.[12]

노동경시 관점은 성경해석과 설교에서도 빈번하게 행해지는데, 대표적인 본문은 마리아와 마르다에 대한 풍유적 해석이다. 말씀 듣는 마리아는 관상하 는 삶vita contemplativa, 즉 기도, 묵상, 예배에 집중하는 경건한 신자의 표상으로 우대받는 대신, 부엌에서 음식준비와 설거지하며 손님 대접하는 일로 분주했던 마르다는 활동하는 삶vita activa, 즉 노동과 행동을 대표하는 저급한 신자의 표상 으로 교회 전통에서 인식되기도 하였다.

---

12) Darrow Miller, *Life Work: A Biblical Theology for What You Do Every Day*, YWAM Publishing, 2009, 한역, 대로우 밀러, 『라이프워크』, 이혜림 역, (서우: 예수전도단, 2012), 51-101.

그러나 성경의 전반적인 가르침은 오히려 노동 친화적 사고에 가깝다. 바울은 임박한 종말론적 분위기가 지배하던 초대교회의 공동체를 향해 다음과 같이 권고한다: "누구에게서든지 음식을 값없이 먹지 않고 오직 수고하고 애써 주야로 일함은 너희 아무에게도 폐를 끼치지 아니하려 함이니 우리에게 권리가 없는 것이 아니요⋯. 너희와 함께 있을 때에도 너희에게 명하기를 누구든지 일하기 싫어하거든 먹지도 말게 하라"살후 3:8,10 "도무지 일하지 아니하고 일을 만들기만 만드는 자들이 있다 하니 이런 자들에게 우리가 명하고 주 예수 그리스도 안에서 권하기를 조용히 일하여 자기 양식을 먹으라 하노라"살후 3:11-12 사도 바울은 그의 복음전도 사역을 수행하면서 노동하여 벌어들인 수입으로 복음전파에 힘썼다.행 18:2-3 또한, 성경 인물들은 대부분 종교적 관상가觀想家들이 아니라 청지기, 노예, 그리고 왕, 혹은 총리와 행정관료, 목동, 시인, 농부, 어부, 세관원, 공회 의원 등 당대의 도시와 문화의 중심지, 그리고 국가의 정치무대에서 일하는 직업인들이었다.

교회사에 나타난 수도원 전통 역시 명상만이 주된 과제는 아니었다. 명상과 노동을 동시에 추구했던 베네딕트 수도회Benedictine Order의 규칙은 '기도하라, 그리고 일하라' ora et labora였다.

오늘날 목회현장에서 설교와 권면은 주일과 일상을 이원화하여 주일은 하나님께 예배하는 특별한 은총의 시간으로 살아야 하고, 노동하는 일상은 죄악된 세속의 삶이므로 아무렇게 살아도 되는 것처럼 가르치는 경우가 일반적이다. 많은 전업 목회자들과 열정적인 신앙인들 가운데 예배, 기도, 전도와 같은 종교적 활동만이 신앙생활의 중심으로 국한하려고 하지만, 그리스도인이 경건하게 살아야 할 자리는 일터이며, 일터야말로 하나님께 부름받은 소명의 자리이고, 그곳이 바로 그리스도인이 예배하는 자리인 것이다.

4. 노동과 소명: 직업의 도구로서 노동

1) 루터의 직업윤리

마르틴 루터는 목사, 수도사, 성직자로 부르심은 최상의 소명이요, 세속 직업에서의 부르심은 저등한 소명이라는 부르심의 이층구조를 철폐하고, 모든 부르심은 하나님의 부르심이라는 직업 소명설을 제시하였다. 여기서 소명 vocatio은 직업Beruf으로의 부르심이 되었다. 루터는 다음과 같이 일상에서의 일을 극찬하였다.

"당신의 집에서 하고 있는 일은 당신이 마치 하늘에서 하나님을 섬기는 것만큼이나 소중한 가치가 있다. 왜냐하면, 하나님께서는 우리가 하나님의 말씀과 계명에 일치하는 이곳 땅 위에서의 소명이라 여기며 행하는 것들을 마치 우리가 하늘에서 하나님을 섬기는 것처럼 간주하시기 때문이다…. 그러므로 우리는 우리의 지위와 일을 거룩한 것이요, 하나님을 기쁘시게 하는 것이라고 생각해야 한다. 다시 말해 지위와 일에 대한 이유 때문이 아니라 복종심과 일의 원천이라 할 말씀과 신앙에 따라 생각해야 한다는 것이다. 하나님의 말씀에 따라 사는 그리스도인이라면 자기의 지위와 삶을 경시해서는 안 된다…. 수도자가 수도원에 들어가 금욕생활을 하며 금식하고, 기도하는 것은 위대한 일로 보이는 것 같고…. 반면에 아녀자가 요리하고 집안을 청소하는 등의 가사 노동은 하찮은 일처럼 여겨지기 쉽다. 그러나 하나님의 명령은 바로 거기에 있다. 비록 하찮은 일이라 해도 그 일은 하나님을 경배하는 찬양으로 간주되어야 하며, 이 일은 수도자들이 금욕하며 거룩한 삶을 사는 것보다도 탁월한 것이다, 수도자들의 자기공로적인행위에는 하나님의 뜻이 머물러 있지 않으며, 오히려 하나님을 찬양하는 마음으로 섬기는 가사 노동이 하나님의 뜻을 성취시켜 주는 것이 되기 때문이다"13)

루터는 종교영역에 제한된 소명을 세속 직업의 영역으로 확장함으로써 부르심의 성스러움의 의미를 세속화시켰을 뿐 아니라 세속 직업으로의 활동을 신적 부르심으로 간주함으로써 직업의 성스러움의 의미를 덧입혔다. 이것이 '거룩한 세속성' holy worldliness이다. 그러므로 이제 그리스도인은 세상으로부터 하나님을 섬기도록 불러내심을 받았으며, 동시에 세상 속으로 말과 행위를 통한 증언의 삶을 위해 보내심을 받았다.

그러나 루터의 직업소명론은 한계가 있다. "각 사람은 부르심을 받은 그 부르심 그대로 지내라"고전 7:20라는 루터의 권고는 현재의 직업에만 소명을 고착화 우려가 있거나 현존하는 직업적 신분을 영구적으로 받아들여야 한다는 오해의 여지를 가져올 수 있다. 루터의 소명론은 하나님께서 개개인에게 어떤 특정 직업인으로 부르셨다는 오해를 제공한다. 그리스도인에게 특정 직업에만 하나님의 소명이 있지 않고, 모든 직업을 통해 우리를 부르신다. 성경의 예를 보면, 요셉의 생애에서 직업의 변환은 놀라울 정도이다. 목동에서 가정 노예로 팔려간 다음, 보디발 친위대장의 강정에서 가정 청지기로, 그리고 감옥에서는 모범 죄수였다가 현명한 해몽가로 활동했고, 애굽의 총리로 등극한 후에는 지략이 뛰어난 경영자가 되었으며, 7년 풍년과 흉년의 기간에는 곡물 중개인무역업자으로 활동한 바 있다.14) 현대사회에서 직업은 다변화하는 방향으로 흐르고 있다

---

13) 루터 선집. V. 102. Luther, M. Works, V. 102 ; IV, 341 ; V.100
14) 요셉의 직업은 결국 '관리 컨설턴트 모델' 로 볼 수 있다. 폴 스티븐스, 『일의 신학』, 주성현 역, (서울: CUP, 2014), 65.

는 점에서 참고해야 할 부분이다.

2) 칼빈의 직업윤리

칼빈의 직업윤리는 루터보다 더 전향된 사고로 근대 자본주의 형성과 개신교 윤리를 결합한 인물로 해석되고 있다.[15] 현세적 직업 활동과 돈벌이를 세속적 탐욕에 물든 불경건한 삶으로 간주했던 중세 가톨릭 사회는 초월을 흠모하며 세상을 등지고 수도원적 삶과 금욕적 고행을 이상적인 신자의 길로 이해했던, '저세상적 금욕주의' other-worldly asceticism가 지배했던 시대였다. 그에 반해 칼빈은 '세계내적 금욕주의' this-worldly asceticism를 통해 노동과 직업윤리를 새롭게 고취함으로써 자본주의 발전에 이바지한 것으로 베버는 해석한다.[16] 칼빈에게 성실한 노동과 그로 인한 정당한 부의 획득은 탐욕이 아니라 오히려 하나님의 영광을 위한 것이다. soli Deo gloria 막스 베버는 칼빈의 후예들인 초기 칼빈주의의 직업윤리를 '세계내적 금욕주의' 와 '예정론' 의 관점에서 해석했다. 그리스도인들에게 직업은 영혼의 수련도장이다. 그런데 예정설을 철저히 신봉하였던 칼빈주의 신자들은 정작 자신들의 구원으로의 소명 여부를 확인할 방법이 없었으므로, '구원의 외적 표식' 을 노동을 통한 성공을 하나님께 소명 받은 표지로 이해했다는 것이다. 칼빈주의자들은 현세적 금욕주의적 태도로 살았기 때문에 소비적이며, 방탕한 삶을 살기보다 종말론적 결산의 태도를 지니고 열심히 노동하면서 근검절약의 생활방식으로 살아간 결과 자연스럽게 부를 축적하게 되었고, 그것을 다른 자본 활동에 투자하게 되면서, 17세기의 자본주의 체제를 형성

---

15) 칼빈은 그리스도인의 경제활동, 즉 물품 교환은 하나님의 은사를 보급하는 것이며, 물질의 교역, 즉 무역을 사회 구성원들의 영적 교제의 표시로 이해했지만, 루터는 상업과 무역 활동을 부정적인 눈으로 보았다. 이양호, "마르틴 루터의 경제사상", 신학논단, Vol. 21, 1993, 130. 참고, Graham W. Fred, 『건설적인 혁명가 칼빈: 사회와 경제에 끼친 영향』, 김영배 역, (서울: 생명의말씀사, 1986)
16) 막스 베버, 『프로테스탄티즘의 윤리와 자본주의 정신』, 김덕영 역, (서울: 길, 2010), 167 이하.

하는 동력이 되었다는 것이다.[17]

III. 노동의 사회적 문제: 노동과 사회윤리

1. 거래(교환)로서 노동

노동의 공간은 노동하는 사람과 노동을 요구하는 사람의 만남으로 구성된다. 노동력육체노동, 기술노동, 지식노동, 감정노동을 제공하여 임금을 받는 노동자와 자본capital을 제공하여 노동력을 사들이며 생산 활동의 결과물로 이윤을 획득하는 자본가기업주로 구분된다.

노동은 경제활동이 이루어지는 시장에서 자본과 노동력의 거래 때문에 이루어진다. 자본 없는 인간은 자신의 노동력을 노동 시장에 판매한다. 노동자는 노동력을 제공하고, 자본가는 노동력을 구매하여 그에 상응하는 화폐 가치로 환산하여 임금을 제공한다. 자본의 시장과 자본주의 사회구조에서 자본가의 자본투자와 노동자의 노동력 교환과 거래행위는 냉정하게 이루어진다.

2. 노동과 물화(物化), 노동과 소외

1) 노동과 물화

---

17) J. U. Baldridge, *Sociology*, New York: Wiley, 1975, 397. 그러나 칼빈을 탐욕적 자본주의의 창시자이거나 칼빈의 경제관을 마치 친자본주의의 원형으로 해석하거나, 더 나아가 칼빈주의에 의해 자본주의 체제를 활성화시켰다는 베버의 해석을 기반으로 하여 칼빈의 직업윤리 혹은 칼빈주의 경제윤리를 북미에서 번성한 번영신학의 원조라는 근거로 사용하는 것에 대해 주의가 요구된다. 이와 유사한 해석의 가능성에 대해, 백소영, 『세상을 욕망하는 경건한 신자들』, (서울: 그린비, 2013), 119-159. 베버의 해석을 근거로 칼빈 경제관을 자본주의 친화적으로 단정 짓거나 자본주의의 뿌리를 17세기 칼빈주의와 동일시하는 관점과 달리 칼빈의 경제윤리는 오히려 그가 자본의 착취와 억압, 그리고 물신숭배를 비판했다고 해석하는 앙드레 비엘레의 주장을 참조할 필요가 있다. 앙드레 비엘레, 『칼빈의 사회적 휴머니즘: 칼빈의 경제신학』, (서울: 대한기독교서회, 2003)

여기서 노동하는 인간은 인간의 가치가 그의 노동력과 임금 능력에 의해 결정되면서 인간의 존엄성이 짓밟히고 인간은 물화物化된 존재로 전락하게 된다. 노동 시장에서는 노동하는 인간 가치가 평가되지 않고, 그가 지닌 노동력, 노동의 결과물, 노동의 확장성 등 기능성이 상품으로 평가되어 인간성이 물화된 존재로 전락한다. 우리는 블루칼라인 육체 노동자들이 인력시장에서 개인의 노동력을 판매하고, 거래하는 장면을 연상하면서, 사무직, 전문직, 지식노동자화이트칼라에게는 노동의 시장 거래가 없다고 생각하는 것은 엄청난 착시錯視이다.

2) 노동과 소외

노동은 인간에게 소외를 가져온다. 노동의 소외는 a 노동의 성과로부터 소외 b 자기로부터의 소외 c 인간으로부터의 소외로 분류된다. 노동의 소외는 노동과정이 자본가적 생산과정에 따라 진행되기 때문에 발생한다. K. Marx는 인간과 인간의 관계가 물건과 물건의 관계로 표시되는 상품 세계에서의 소외와 노동력이 상품이 되는 것이며, 노동이 곧 사용가치가 되어버리는 자본주의적 사회구조에서 나타나는 소외를 문제시한다.[18]

3) 노동의 존엄성과 인간성

노동은 그 결과에 따라 화폐 가치로 평가되어서는 안 된다. 노동자를 단순한 상품이나 생산도구로, 그리하여 물질적 가치를 지닌 노동력으로 환산하는

---

18) 참고, 『노동용어 사전』, 328. "계급사회에서 노동은 인간의 자기실현으로서 자유로운 노동이 될 수 없다. 생산수단이 사적으로 소유되고 있는 사회에서는 노동하는 인간이 노동의 가장 중요한 조건인 생산수단으로부터 분리됨으로써 착취당한다. 계급사회에서는 생산자와 생산의 물질적 조건과의 결합이 노동하는 인간의 자유롭고 합목적적인 의지에 따라 결정되는 것이 아니라 경제 외적인 강제를 통해서, 생산수단을 소유한 측에서 노동력을 구매하는 방식과 같은 경제적 강제를 통해서 이루어진다……. 자본주의 사회에서는 인간의 노동이 '가치형성적 노동', '자본의 가치증식을 위한 노동'으로 나타나고 화폐와 교환되는 임금노동의 형태를 취한다. 여기서 노동은 인간 생명력의 발현이 아니라 소외가 된다". 한국사회연구소 편, 『사회과학사전』, 113.

물질주의는 노동의 본질이 왜곡된 것이다. 노동보다 중요한 것은 인간의 존엄성이다. 노동이 인간 보다 우선되지 말아야 한다. 노동이 인간을 위한 것이지, 인간이 노동을 위해 존재하지 않는다.

3. 착취와 억압으로서 노동

1) 노동자 통제를 통한 착취와 억압

모든 자본가는 최소한의 자본투자를 통해 최대한의 노동 가치를 얻으려 하고, 노동자는 적은 노동력을 제공하고, 많은 임금을 확보하려 한다. 그러나 여기서 자본가는 자본의 힘으로 노동자를 통제할 수 있지만, 노동자는 그렇지 못하다. 자본과 노동 시장에서 자본가와 노동자의 수평관계는 불가능하며, 여기에 갑을관계, 주종관계가 형성되지 않을 수 없다. 이런 상황은 사회가 공정하지 않을수록, 노동자의 인권이 확보되지 않을수록 자본가와 노동자의 갑을관계는 공정거래가 아니라 약탈적 관계에서 이루어진다.

그러나 우리는 원론적인 차원에서 노동이 자본보다 우위에 있다고 이해할 필요가 있다. 생산과정에서 노동은 주요 동인動因이지만, 생산수단의 총합인 자본은 하나의 도구일 뿐 목적이 될 수 없다.[19] 그러나 자본과 노동은 항상 적대관계만이 아니다. "자본은 노동 없이 있을 수 없고, 노동은 자본 없이 있을 수 없다."[20] 노동과 자본은 상호 보완관계로 이해해야 한다. 노동과 자본의 협력으로 얻어진 이윤을 어느 한편만 독점하여 취하는 것은 정의에 어긋난다.

2) 기업주의 횡포가 자본의 힘으로 불법적으로 표출된다.

---

19) 『간추린 사회교리』, 223.

20) 새로운 사태, 14항 Acta Leonis, XIII, 11(1892), 109. 재인용, 『간추린 사회교리』, 224.

기업주는 자본의 힘을 가지고 노동자에게 굴종을 요구하는 때도 있고, 자본가에 대한 충성도에 따라 승진, 직위보존에 가산점을 부여하기도 한다. 많은 기업은 공정하고 이성적인 운영규정에 따라 진행되기보다 기업주의 친소관계나 상급직원에 대한 충성도가 업무평가의 중요한 척도가 되기도 하며, 그러한 기준들은 사원들 간의 소모적인 경쟁을 유발하고, 굴종적 업무수행을 요구하게 되며, 사원과 기업주간의 공동체적 삶을 깨뜨리는 요인이 된다. 그리하여 오늘날 직장에서 영혼을 팔아넘긴 기계적 노동 인간으로 살아가는 이들이 많다.

3) 노동 현실에서 희생양 메커니즘

회사를 위해 가정생활이나 개인의 사생활 보호를 받지 못한 채 강요된 희생과 충성을 요구한다. 회사의 부당한 요구에 침묵과 굴종을 요구하며, 회사를 위해 면직, 퇴직을 부당하게 요구하기도 한다. 그런데 노동에 대한 정당한 대가를 지급하지 않고, 봉사와 희생을 빌미로 노동력을 착취하는 은밀한 노동수탈이 진행되고 있는 곳은 교회, 선교단체, 기독NGO에서 빈번하게 발생한다.

IV. 직장에서의 그리스도인의 노동윤리

1. 노동관에 대한 편향된 관점은 교정되어야 한다.

1) 자본가 중심의 노동관

자본가, 혹은 기업주, 그리고 경영자 관점에서 접근하는 노동관이 있다. 기업주 중심의 노동관에 따르면 "파이를 키워야 많이 나눌 수 있다", "회사 이윤이 많이 발생하면, 노동자에게 이익이 된다"는 논리를 설파한다. 이는 분배

보다 성장을 우선시하는 노동관이다. 그리하여 "회사가 무너지면 회사원도 죽는다"라는 논리다. 사익 추구 일변도의 노동관은 유럽의 복지모델을 포퓰리즘 populism으로 단정하면서, 분배중심의 정책이 마치 국가 경제를 붕괴시키는 직접적인 원인이라는 왜곡된 홍보에 집중하거나, 경제민주화나 부유세富裕稅, 무상급식제 같은 분배중심 정책을 종북좌파의 위험한 발상이라고 전파하면서 우리 사회의 이념적 갈등의 불안요인으로 제기한다. 이러한 기업관은 노동자의 권익을 중시하는 태도를 사회불안을 일으키는 불순한 이념으로 매도하면서 전적으로 사익적私益的 견해를 대변한다. 그러나 이러한 관점은 사회의 소수 특정계층에게 부의 독점을 허용하면서 부의 정당한 분배는 통제함으로써 심각한 빈부격차를 초래한다. 한 사회의 소수의 특권층만이 배불리 먹고 행복을 누리고, 회사 발전에 이바지한 다수 노동자는 빈곤과 소외가 커진다면, 이것은 건강한 사회가 아니다.

이러한 불균형적이고 불공정한 사고는 우리 사회가 오랫동안 친미 반공주의 이데올로기에 길든 결과라 할 수 있다. 익숙한 사람들은 회사는 당연히 사업주의 개인 소유이므로 그의 이익창출에 집중한다고 사고한다면, 북유럽 사회민주주의 사고는 회사, 노동자의 연대성, 공평성을 기반으로 세워진 사회에서는 사업주의 사익보다 전체 공동체의 이익을 분배하는 것을 당연하게 사고한다. 사회형성에서 특정 개인의 자본 능력이 아니라 국가의 개입과 관리를 중시하므로 자본가의 횡포에서 벗어날 수 있다.

2) 청지기적 노동관

청지기 윤리는 그리스도인으로 하여금 하나님 앞에서 정직한 노동자, 성실하고, 최선을 다해 일할 것을 제시한다. 요셉은 청지기적 노동자의 표상이다.

청지기 윤리는 그리스도인에게 노동의 신실성을 요구한다. 바울은 노예들에게 '무슨 일을 하든지 주께 하듯 하라' 라고 권고한다. 이것은 당시의 노예계급사회의 땅에서 자행되는 지배와 억압의 주종관계를 넘어서서 '혁명적 복종' 의 신앙을 가지고 인간 행위의 최종적인 심판자요, 주권자이신 하나님을 소망하며, 주님을 섬기는 노동자로 살 것을 교훈한다. 그리하여 청지기 노동관은 그리스도인들이 하나님이 주신 직장, 사람들, 자원들, 환경, 노동의 여건을 잘 경영하고 관리하여 더 많은 결과를 창출하도록 자극을 주는 관점이라는 점에서 직장에서 일하는 그리스도인들이 감사한 마음으로 주님을 섬기는 듯이 일하도록 도전을 준다.

그러나 청지기 노동관은 한계가 있다. 이 윤리관은 고대사회에서 청지기가 보유한 직무적 비중을 고려하지 않은 채, 오늘의 근로자들이 기업 내에서 상당한 자율성과 권한의 여유를 부여받은 것처럼 착각을 줄 수 있다. 청지기 노동관은 고대사회의 한 가정 내에서 주인과 청지기의 어느 정도 인격적 상호관계의 여지보다 오늘날 훨씬 자본가와 근로자 사이에 엄존하는 계층적 갈등과 힘의 우열관계를 냉정하게 직시하지 못하는 측면이 있다. 청지기 윤리는 직업윤리의 책임이 직장에서 일을 부여받은 근로자의 신앙적 처신과 태도에 있는 것처럼 해석하게 할 여지가 많다는 점도 고려해야 한다. 북미에서 유행하고 한국교회에 비판 없이 소개되는 일터 신학Marketplace Theology이 그런 경향이 있는 것처럼, 그리스도인의 직업윤리를 노동 현실이 안고 있는 구조적 모순과 갈등 관계, 그리고 힘의 우열관계를 객관적으로 관찰하지 않는 것도 피상적인 접근이 될 수 있다.

3) 노동자 권익 보호주의는 항상 기업과 적대적이라야 하는가?

오늘날에도 그렇지만 역사상 노동과 자본은 항상 적대적 관계였다. 노동자들은 자신의 노동력에 대한 정당한 대가를 보상받지 못한다는 이유에서, 그리고 기업주들은 최저임금으로 최대 이윤을 추구하려는 이유로 그러했다. 그러나 기업가와 노동자의 갈등주의 노동관만이 최선일까? 이러한 관점은 기업과 노동을 자본가와 노동자의 대립과 갈등 관계로만 설정하여 자본가를 착취적인 인간으로, 노동자를 억압당하는 희생물로만 접근하는 방식이다. 이 관점은 노동환경 안에 내재한 계급적 갈등, 착취와 억압의 구조의 현실을 정확하게 파악하게 하지만, 노사 간의 협력모델과 노사 간의 공생하는 방향의 최대공약수의 합의적 방식을 고려하지 않은 채 모든 노동문제를 노동쟁의와 투쟁의 방식으로, 그리고 권력화된 귀족노동자를 양산할 수 있다.

그러므로 직업윤리에 있어서 기업가와 경영자의 입장도 고려되어야 하고, 양자 간의 협력과 연대적 관[21]계 모델이 필요하다. 기업은 단지 소유주의 이윤 창출을 위한 사익私益만을 위해 존재하는 것이 아니다. 오히려 기업은 국가와 함께 하나님의 백성을 돌보는 공적인 기관이다. 기업은 사회 구성원 전체의 공익公益을 위해 존재하는 하나님 나라의 외적 기관이다.[22]

2. 기독교 노동윤리의 기본적인 문제

---

21) 폴 스티븐스는 성경 전체를 일의 관점에서 해설하고는 있지만, 그 어느 곳에서도 노동자와 기업주 사이에서 발생하는 임금착취라든가 하는 사회적 노동 현실에 대한 분석은 전혀 담겨 있지 않다. 삼촌 라반의 집에서 야곱이 수년간 겪었던 임금체불 같은 부분도 노예의 일조차 거룩한 일로 변화시켰다는 신앙간증적 해설로 일관하고 있다. 북미에서 소개된 일터 신학은 노동사회의 현실분석을 전혀 간과하고 있다는 점에서 상당한 문제점과 한계를 보인다. 폴 스티븐스, 『일의 신학』, 50-57.

22) 기업윤리에 대해, Scott B. Rae, Kemman L. Wong, *Beyond Integrity: A Judwo-Christian Approach to Business Ethics*, Zondervan, 1996; 한역, 스콧 레이, 켄만 웡, 『비즈니스 윤리와 지속가능경영』, 노동래 역, (서울: 연암사, 2016)

1) 인권의 차원에서 노동윤리가 다루어져야 한다.

노동자에 대한 시혜적施惠的 방식이나 구호주의적救護主義的 방식이 아니라 노동하는 사람의 인권과 권리 보장이 우선되어야 한다. 여기에는 일자리 보장, 최저임금 보장, 시급제 노동에 대한 정당한 보수 등이 포함된다.

성경의 관점은 가난한 자, 즉 일용 노동자들품꾼에게 정당한 임금을 지급하지 않거나, 그들을 학대하는 것을 하나님의 정의에 반하는 것으로 명시한다.신 24:15; 창31:41; 약5:1-5 노동자는 성경계시의 중심이며, 하나님은 가난한 자들의 편에 있다. 출애굽은 하나님의 구원역사이면서 하나님의 자기 계시이다. 노동자에 대한 바른 대우는 그들에게 돌아가야 할 정당한 몫이며, 권리의 문제이다.

2) 노동문제에 접근하는 오도된 처방

a) 목회주의적 처방: 노동문제를 사회과학적 현실로 바라보지 않고, "여러분의 고통에 하늘의 위로가 있기를!"이라고 하거나, "주님이 여러분의 고통을 다 보상해 주실 것이다"라는 목회자들의 설교조 처방은 상처의 원인을 치료하기보다 아픈 증상을 덮으려는 돌팔이 의사의 처방전이 될 수 있다. 이러한 접근은 부당한 노동 현실이 초래하는 사회적 고통을 객관적이고 인간학적으로 파악하지 않고 종교적 감상주의와 피상적인 위로로 대체하려는 무책임한 처방이다.

b) 도덕주의적 처방: 실업 문제, 파업 등의 사태를 개인의 게으름이나 불성실만으로 돌리는 접근을 말한다. 노동자가 더 노력하고, 열심히 살면, 모든 직장문제는 다 해결된다고 설명한다. 이런 접근법은 사회현안에서 피해 당사자의 고통에 귀를 기울이기보다 피해자 개인의 불성실함에 원인이 있는 것으로 돌리게 한다.

c) 관찰과 분석−해석−실천적 방법: 먼저 노동문제가 안고 있는 사회적−경제적−복지적 현실을 관찰하는 것이 필요하고, 이를 정확하게 진단, 분석하고, 그에 대한 실천적 해결책을 모색해야 한다.

3) 노동자의 노동윤리

성경은 전체적으로 사회적 약자와 가난한 자들의 편에서 하나님의 정의와 공정함을 말하고 있다는 점에서 노동자의 처지를 대변하고 있지만, 고용주의 윤리적 태도만이 아니라 노동자에게도 합당한 노동윤리를 권고한다. 바울은 로마 사회에서 주인에 속해 일하는 그리스도인 노예들에게 "주께 하듯" 행할 것을 요구한다. 골 3:22−4:1 또한, 달란트 비유 마 25:14−30는 노동자의 성실함을 강조한다.

4) 그리스도인 기업주들(CEO)의 바른 태도

그리스도인 기업가는 하나님을 섬기는 태도로 기업을 운영해야 하지만, 그렇다고 하여 기업을 교회처럼 경영해서는 안 된다. 기업과 교회는 기능과 목적, 그리고 운영방식에서 각각 구별되어야 한다. 기업은 교회가 아니며, 회사는 예배당이 아니다. 카이퍼리안적 영역주권 sphere sovereignty 의 원리에 따라 교회가 기업이 되어서는 안 되는 것처럼, 기업이 또한 교회가 되어서는 안 된다. 교회의 기능과 운영원리가 기업의 영역을 침해하거나 기업의 효율성과 성과 중심의 원리를 종교영역인 교회에 적용하려고 하거나 국가와 정부 등 다른 삶의 영역에까지 관통하도록 하는 것은 모든 피조물에 부여된 영역의 고유하고도 침해받을 수 없는 영역주권 원리에 위배된다.[23] 특히 온 세상 속에 하나님 나라를 실현하

---

23) J. M. 스피어, 『기독교철학개론』, 문석호 역, (고양: 크리스찬다이제스트, 1994), 50−64, 아브라함 카이퍼, 『칼빈주의 강연』, 97−133, 대로우 밀러, 『라이프워크』, 363−368.

고 신적 통치를 문자 그대로 구현하겠다는 근본주의자들이나 성시화 운동, 그리고 기업 자체를 전면적으로 복음화하겠다는 과도한 열광주의에 사로잡힌 기업가들은 신학적 사고에 균형이 필요하다. 기업은 하나님의 오이코노미아를 실현하기 위한 피조물적 목적에 따른 고유한 영역을 부여받았으며, 경제활동을 통한 이윤창출과 그 성과를 근거로 인간 복지의 증대에 이바지해야 할 본래의 영역으로 부르심이 있다.

5) 노동과 쉼

노동은 필연적으로 쉼의 측면을 고려해야 한다. 노동하는 인간에게 쉼을 보장하는 것은 인간이 노동 기계가 아니라는 것을 선언하는 것이며, 노동의 굴레로부터 인간 해방을 외치는 자유의 선포이기도 하다. 하나님은 각자에게 부여된 일터에서 게으름이 아닌 책임 있는 일을 수행할 것을 명령하지만, 또한 일하는 인간, 특히 노비들과 짐승들에게 쉼의 권리를 보장할 것을 안식일법을 통해 요구하신다. 쉼은 특혜가 아니라 노동하는 생명에게 허락되어야 할 자연권적 차원에 속한다. 쉼을 허용하지 않고 보장하지 않는 노동은 노동이 주는 기쁨과 즐거움을 빼앗아 형벌과 저주가 되게 한다. 따라서 우리는 노동의 효과와 그 성과를 이유로 일하는 인간에게 쉼을 박탈하고, 노동의 인간화를 말살하는 노동 숭배적 문화와 구조에 저항해야 한다.[24]

6) 대안적 노동관의 창출

약자들이 노동의 착취와 억눌림으로부터 신음하지 않도록, 노동하는 인간이 인간의 존엄성과 권리를 누릴 수 있도록 비인간화된 노동구조를 대항할 새로

---

24) 월터 브루그만, 『안식일은 저항이다』. 박규태 역, (서울: 복있는사람, 2015)

운 대안을 창출해야 한다. 기독교 노동관을 주로 노동자의 경제적 억압으로부터의 해방의 관점에서 정립하는 것도 필요하지만, 가톨릭 사회교리의 기본원리인 '공동선'25), '보완성'26), 그리고 '연대성'의 원리에서 노동관의 새로운 정립이 필요하며27), 최근 활발한 사회적 기업, 사회적 협동조합. 사회적 시장경제에 관한 구체적인 논의도 필요하다.

나가면서

노동이 무엇인가? 노동은 인간의 생존과 생계에 필요한 수단이다. 노동은 인간다운 삶, 인간의 존엄성을 위해, 인간다운 삶을 위해, 구차하게 구걸하며 살지 않도록 하는 데 필요하다. 게으른 삶과 그로 인한 빈곤은 인간을 비참하게 만들기 때문이다. 또한, 정당한 노동은 합당한 대가를 창출한다. 그리하여 벌어들인 소득의 일부는 가난한 사람을 돕기 위해 사용해야 한다. 노동은 선을 발휘하는 적극적 방식이다.엡4:28 노동은 인간 안에 숨겨진 잠재력을 발견하고 그것을 발휘하는 통로이다. 노동은 직업이며, 일자리의 도구이다. 노동은 하나님을 경배하는 방편이다. "그런즉 너희가 먹든지 마시든지 무엇을 하든지 다 하나님의 영광을 위하여 하라."고전10:31

---

25) 가톨릭 사회교리의 주된 특징의 하나인 공동선은 모든 인간의 존엄성, 일치, 평등의 원리에 근거하여 사회 구성원 전체의 선에 도달하기 위한 도덕원리로서 사회의 도덕적 행위는 모든 인간과 전(全) 인간의 선을 이루기 위한 '공동의 선'으로서 그것은 도덕적 선의 사회적이며 공동체적 차원이라고 말할 수 있다. 『간추린 사회교리』, 140-141.

26) '보조성'이란 용어로 사용되며, 사회의 개인과 중간집단들이 사회 구성원들을 돕기 위해 전개하는 다양한 보조적 활동으로서 이것은 주로 시민사회영역에서 이루어지는 활동을 말한다.

27) 간추린 사회교리』, 140-144, 154-157, 160-165.